avec
réuss
santé.

Alain Chatty

le 27.6.96

LES BAUX COMMERCIAUX

GUIDES ESSENTIELS

collection dirigée par
Alain Chatty** et **Pierre Guiho

Alain Chatty

LES BAUX COMMERCIAUX

1ère édition

L'HERMÈS

ISBN 2-85934-436-5

Dépôt légal: Mai 1996

Avant-propos

La collection que nous présentons au public sous le nom de "Guides essentiels" se propose principalement de mettre le droit à la portée des non-juristes. Mais ces guides essentiels pourront être utiles aussi à des juristes recherchant une information sommaire sur des questions étrangères à leur spécialité. Ils seront utiles enfin aux étudiants qui pourront y trouver facilement et rapidement la documentation nécessaire à un exposé ou autre travail personnel.

Alors que la collection "L'essentiel sur" traite dans chaque volume l'ensemble d'une matière, celle des guides essentiels se limite à des thèmes présentant un caractère pratique très marqué, et aussi en principe un certain caractère d'actualité. Il s'agit de thèmes auxquels une large fraction du public est susceptible de porter intérêt, en raison soit d'une implication directe et personnelle, soit d'un souci de culture générale, pour mieux comprendre certains problèmes de la société actuelle.

Les volumes seront rédigés par des spécialistes de chaque matière.

Ces auteurs s'efforceront de dégager les principes et les éléments essentiels du thème traité, en évitant des développements de caractère trop technique, mais en gardant le souci de répondre complètement aux questions qu'une personne non-juriste est susceptible de se poser.

Dans la forme, les auteurs rechercheront un style simple, clair et précis. Ils éviteront autant que possible les termes trop techniques, et, dans la mesure où certains termes techniques ne pourront être évités, la définition en sera donnée dans un lexique à la fin du volume.

Il est regrettable qu'une grande partie de la population ignore le droit qui la régit. Mais la complexité croissante de la législation est de nature à rebuter ceux qui souhaiteraient s'informer, et l'adage bien connu selon lequel "nul n'est censé ignorer la loi" est plus théorique que jamais. Nous souhaitons que cette nouvelle collection fasse reculer l'ignorance du droit.

Alain Chatty **Pierre Guiho**

Introduction

Le décret (ayant valeur de loi) du 30 septembre 1953, une sorte de charte des baux commerciaux, qualifié de "*statut*" de ces baux, règle les rapports entre bailleurs et locataires en ce qui concerne le renouvellement des baux à loyer d'immeubles ou de locaux à usage commercial, industriel ou artisanal.

La plupart des baux commerciaux bénéficient d'un statut protecteur. Une certaine stabilité dans les lieux est nécessaire pour l'exploitation d'un fonds commercial, industriel ou artisanal. Ainsi, le preneur ne verra pas son statut de locataire remis en cause à chaque échéance.

Quant au bailleur qui adhère en quelque sorte à un statut, il ne peut s'y soustraire sans accorder d'avantage à son locataire. La contrainte imposée au bailleur demeure toutefois restreinte puisqu'elle ne porte que sur le renouvellement du bail.

Conscient de la nécessité de garantir au locataire la stabilité dans les lieux, le législateur, par diverses modifications apportées au décret du 30 septembre 1953, a accordé un statut spécifique et protecteur aux baux qui concernent des locaux ou immeubles dans lesquels est exploité un fonds commercial, industriel ou artisanal. Cependant, la jurisprudence abondante tente de réduire la portée du statut. Les lois et décrets postérieurs au décret du 30 septembre 1953, tout en favorisant la stabilité des rapports locatifs, ont contribué à étendre le champ d'application de la réglementation.

Les baux ne bénéficiant pas du statut sont régis soit par les dispositions supplétives du Code civil sur le louage, soit par les accords pris entre le bailleur et le locataire, en tout état de cause, ils ne bénéficient pas de la *propriété commerciale*.

Ce *guide essentiel* étudie principalement les baux soumis au "statut" avec simplicité, clarté et précision.

Peut prétendre à la *propriété commerciale*, le locataire, immatriculé au registre du commerce et des sociétés ou au répertoire des métiers, qui exploite un fonds commercial ou artisanal dans les locaux loués. Le preneur répondant à ces critères, peut demander à son bailleur à l'expiration du bail, soit son renouvellement pour une durée minimum de neuf ans, soit de lui payer une indemnité d'éviction dans le cas où le propriétaire refuse une nouvelle location ; le choix entre ces deux possibilités n'appartient qu'au bailleur.

Le but de la propriété commerciale réside essentiellement dans la protection du locataire commerçant ou artisan qui peut continuer, par le renouvellement de son bail, à exploiter son fonds commercial ou artisanal. En cas d'expulsion, cela lui évitera de faire bénéficier le bailleur de la plus-value apportée.

Le décret du 30 septembre 1953 impose une distinction entre le *champ d'application du statut* des baux commerciaux et les conditions du *droit au renouvellement*. Il suffit de constater l'exploitation effective d'un fonds de commerce sans aucune autre condition de propriété, pour que l'application du statut existe ; alors que le droit au renouvellement est uniquement reconnu au locataire propriétaire du fonds et qui l'exploite effectivement au cours des trois dernières années du bail. Il en est de même pour l'inscription au registre du commerce et des sociétés ou au répertoire des métiers.

Enfin, le statut ne semble pas porter atteinte aux principes fondamentaux du droit communautaire et en particulier aux dispositions de l'article 52 du Traité de Rome en l'absence actuellement de directive ou de texte communautaire portant réglementation des baux commerciaux.

La liberté d'établissement est étendue, par les dispositions du décret du 30 septembre 1953, aux commerçants industriels ou chefs d'une entreprise qui ont la qualité de ressortissant d'un Etat membre de l'Union européenne.

L'acte unique des 17 et 28 février 1986 modifiant les traités institutifs de communautés, ne comporte aucune mesure visant la suppression du statut français des baux commerciaux. Il en résulte que l'uniformisation des législations ne semble pas s'imposer, dès lors que l'égalité des droits dans un pays entre les nationaux de ce pays et ceux des membres de l'Union européenne est respectée. La réglementation française des baux commerciaux qui n'est pas opposée aux principes fondamentaux du droit de l'Union européenne, protège le statut du locataire à travers deux grands principes : le droit au renouvellement du bail ou au paiement d'une indemnité d'éviction, et la limitation de l'évolution des loyers au moment des révisions du loyer et du renouvellement du bail.

Il n'en est pas de même dans les législations des autres pays membres de la Communauté européenne. La législation de chaque pays membre a ses propres particularités, mais la durée du bail, les modalités de son renouvellement et l'indemnisation éventuelle du locataire sont fondamentalement différentes du système français.

Sont étudiés successivement dans les chapitres qui suivent de ce *guide essentiel* : le champ d'application du statut avec le bail commercial et sa durée ; le renouvellement du bail ; le refus de renouvellement du bail, les sous-locations ; le loyer et la clause résolutoire ; en enfin la déspécialisation.

Chapitre I

CHAMP D'APPLICATION DU STATUT

Les dispositions du décret n° 53-960 du 30 septembre 1953 qui régissent le statut des baux commerciaux sont d'ordre public.

Il est important de distinguer les conditions d'application du statut de celles spécifiques au droit au renouvellement qui s'ajoutent aux premières en fin de bail. Parmi ces conditions spécifiques, celles relatives à la propriété du fonds, à la durée d'exploitation ou à la nationalité.

I - Nécessité d'un bail commercial

Le preneur, pour bénéficier du statut, doit être titulaire d'un bail, c'est-à-dire d'un contrat "par lequel l'une des parties s'oblige à faire jouir l'autre d'une chose pendant un certain temps, moyennant un certain prix que celle-ci s'oblige à payer" (Art. 1709 du Code civil). L'analyse de cet article fait dégager les éléments qui constituent le contrat de louage à savoir la mise à disposition, la durée et le prix.

A - La mise à disposition

Le contrat de louage oblige le bailleur à mettre un bien à la disposition du preneur ; tandis que la vente transfère la propriété, le contrat de dépôt impose au dépositaire la charge de veiller à la garde de la chose et à la restituer, alors que le contrat de domiciliation, selon l'article 1er du décret du 5 décembre 1985, autorise le domiciliataire "à mettre à la disposition de la personne domiciliée des locaux permettant une réunion régulière des organes chargés de la direction, de l'administration ou de la surveillance de l'entreprise et l'installation des services nécessaires à la tenue, à la conservation et à la consultation des livres, registres et documents prescrits par les lois et règlements...". La lecture de cet article permet de constater que le domiciliataire est un prestataire de services et non un bailleur, que la mise à disposition par un contrat de domiciliation n'est ni exclusive, ni continue et qu'il n'est nullement mentionné de durée qui constitue un élément indispensable à la qualification du bail.

B - La durée

Pour bénéficier du statut, il est nécessaire que le bail ait une durée minimale ; il doit être également un bail commercial.

La durée du bail commercial ne peut être inférieure à neuf ans (art. 3-1).

La loi du 12 mai 1965 déclarant cette durée minimale ne peut s'appliquer à un contrat conclu antérieurement bien que la date d'entrée en jouissance convenue se situe après sa promulgation.

Un bail mixte portant sur des locaux commerciaux et des locaux d'habitation est un bail commercial qui bénéficie du statut.

C - Le prix

Les contrats de prêt ou de société ne sont pas assimilés à un bail, puisque le premier porte sur un immeuble dont la jouissance est transférée à titre gratuit à l'emprunteur et le second est basé sur le partage des profits et des pertes.

La mise à disposition d'un immeuble ou de locaux moyennant un certain prix fixé dans le contrat de bail est une condition nécessaire pour que ce dernier bénéficie du statut des baux commerciaux.

II - Bail portant sur un immeuble ou un local

Est considéré comme étant un local, un lieu clos et couvert dans lequel doit s'exercer une vente.

Ne constitue pas un local un mur, une toiture, des vitrines ou des étalages. Le bénéfice du statut est refusé à un commerçant autorisé à occuper un emplacement dans un supermarché moyennant une redevance mensuelle pour y vendre des plantes et des fleurs ; alors qu'une construction permanente, située à l'extérieur du supermarché, couverte et adossée au mur de celui-ci peut bénéficier des dispositions du décret du 30 septembre 1953. Sont exclus du bénéfice du statut les baux portant sur des meubles comme la location-gérance d'un fonds de commerce ou le crédit-bail relatif à un fonds de commerce ou un établissement artisanal, et les baux portant sur les biens du domaine public.

Les biens du domaine privé de l'Etat et des collectivités publiques peuvent être soumis au statut des baux commerciaux.

III - Qualité du preneur

Le locataire pour bénéficier du droit au renouvellement de son bail commercial ou d'une indemnité dite d'éviction en cas de refus de renouvellement par le bailleur, doit satisfaire aux critères suivants : être propriétaire du fonds de commerce exploité dans les lieux loués, avoir en principe la qualité de commerçant ou d'artisan, et, condition déterminante, être inscrit au registre du commerce et des sociétés ou au répertoire des métiers.

A - Etre commerçant ou artisan

Dans son article 1er, le décret du 30 septembre 1953 vise "les locaux dans lesquels un fonds est exploité, que ce fonds appartienne, soit à un commerçant ou à un industriel immatriculé au registre du commerce, soit à un chef d'une entreprise immatriculé au répertoire des métiers...".

La qualité de commerçant repose sur l'accomplissement d'actes de commerce, alors que celle d'artisan relève de l'examen de la jurisprudence qui détermine les professions auxquelles a été reconnu le caractère artisanal et qui bénéficient alors du statut des baux commerciaux.

Destination commerciale des lieux

En principe, le bail, concrétisant la volonté commune des parties, fixe la destination commerciale des locaux loués.

La destination initialement prévue au bail d'origine peut être modifiée à la suite d'un usage différent des locaux loués par le preneur avec l'accord du bailleur. En l'absence d'un tel accord, tout changement de destination en cours de bail peut entraîner la résiliation du bail et peut même supprimer le droit à la propriété commerciale.

Dans le cas où le bail ne stipule pas de destination précise, les tribunaux sont souverains pour déterminer, d'après les circonstances, cette destination.

Extension du statut à des non-commerçants

Le statut peut être étendu à des non-commerçants, par exemple un expert-comptable, à la condition expresse de soumettre le bail au statut par une clause claire, précise et sans équivoque ; ainsi, le locataire bénéficiera de l'ensemble du statut et de la propriété commerciale.

B - Immatriculation au registre du commerce ou au répertoire des métiers

La condition nécessaire et non suffisante qui ouvre le droit au renouvellement du bail réside dans l'inscription, dans l'immatriculation du commerçant, de l'industriel ou de l'artisan selon le cas, au registre du commerce et des sociétés ou au répertoire des métiers.

Il revient au titulaire du bail et propriétaire du fonds de commerce de procéder à cette inscription.

Ainsi, non seulement il doit immatriculer le siège social de la société locataire mais également toutes les succursales considérées comme des fonds de commerce indépendants.

Même les locaux accessoires servant d'établissements secondaires doivent être immatriculés afin de bénéficier du statut, à moins que dans ces locaux un fonds ne soit pas directement exploité, alors, ils échappent à la condition nécessaire d'inscription au registre du commerce et des sociétés. Pour bénéficier des dispositions du décret du 30 septembre 1953 donnant droit au renouvellement, l'immatriculation au registre du commerce et des sociétés ou au répertoire des métiers doit être effective au moment de la délivrance du congé et non seulement à sa date d'effet.

C - Exploitation et propriété d'un fonds de commerce

Selon une jurisprudence constante, l'application des dispositions du décret du 30 septembre 1953 est subordonnée à l'exploitation par le preneur d'un fonds de commerce lui appartenant.

Donc, pour bénéficier du statut des baux commerciaux, le titulaire du bail doit à la fois prouver l'existence d'un fonds exploité dans les lieux loués et en être le propriétaire.

Un locataire qui justifie avoir constitué une clientèle propre et autonome, apporte la preuve de l'existence de son fonds de commerce exploité dans les lieux.

Par contre, est exclu du bénéfice du statut le locataire propriétaire de son fonds de commerce qui a cessé son exploitation commerciale.

D - Les exclus du bénéfice du statut

Sont en principe exclus du bénéfice du statut des baux commerciaux : les associations régies par la loi du 1er juillet 1901, sauf exception, à cause de l'incompatibilité entre leur statut et celui de commerçant ou d'artisan ; le locataire-gérant d'un fonds de commerce ou d'un fonds artisanal ; les sociétés commerciales par la forme mais à objet civil et qui pourraient faire croire à une présomption de commercialité quel que soit l'objet, tel le cas des professions libérales ; l'activité de sous-location en totalité des locaux pris à bail, par exemple les sociétés immobilières à forme commerciale ; le groupement d'intérêt économique sauf s'il justifie de l'accomplissement d'une manière habituelle et à titre principal d'actes de commerce avec une clientèle autonome et une activité distincte de celle de ses membres ; les franchise, concession et distribution sous certaines conditions.

Il est donc recommandé de se faire reconnaître le droit au statut des baux commerciaux par une clause claire et précise du bail.

E - Les exceptions bénéficiant du statut

Certains cas particuliers bénéficient des exceptions prévues par les textes.

1 - L'établissement d'enseignement sous la forme d'une association déclarée d'utilité publique, a en principe, le droit de bénéficier du statut des baux commerciaux à condition que le locataire soit propriétaire du fonds d'enseignement et que l'établissement ait toutes les autorisations légales et administratives. L'établissement doit dispenser l'enseignement à des tiers et non à ses seuls membres.

2 - Sociétés coopératives

Le statut est également étendu aux baux d'immeubles abritant des sociétés coopératives ayant la forme commerciale et certaines coopératives qui ont un objet commercial, même si leur forme est civile.

3 - Caisses d'épargne et de prévoyance

N'est pas applicable aux baux en cours la loi du 10 juillet 1991 qui a étendu le bénéfice du statut des baux commerciaux aux caisses d'épargne et de prévoyance.

4 - Les artistes auteurs d'oeuvres graphiques et plastiques bénéficient sous certaines conditions des dispositions du décret du 30 septembre 1953.

IV - Nature des baux

A - Convention d'occupation précaire

Une convention d'occupation précaire ne constitue nullement un bail commercial puisqu'elle est privée de l'élément temps, et donc elle échappe au statut des baux commerciaux.

Cette convention n'est même pas assimilée à un bail de courte durée, lequel bail est réglementé par les dispositions dérogatoires sur les baux de courte durée.

Les conventions d'occupation précaire sont exclus du bénéfice du statut dès lors qu'elles ne constituent pas un bail déguisé et qu'elles ne tendent pas à priver le locataire de ses droits.

La précarité doit être justifiée par des motifs affectant l'occupation ou la modicité de la redevance.

Les critères d'une telle convention demeurent dans la reconnaissance de telle ou telle circonstance exceptionnelle.

Aucune disposition du décret du 30 septembre 1953 n'a prévu les conventions d'occupation précaire ; leur validité résulte d'une création jurisprudentielle qui les distingue du contrat de bail même de courte durée.

Les éléments matériels différenciant une convention d'occupation précaire d'un bail résident dans la non utilisation des termes bail, loyer et résiliation mais dans l'utilisation de ceux de convention, redevance généralement modique et de convention révocable.

Cependant, la jurisprudence n'est jamais liée par les qualificatifs de la convention. C'est plutôt la volonté des parties au contrat qui l'emporte souvent. En fait, la précarité doit être le motif déterminant de la conclusion de la convention afin de ne pas priver l'occupant de la propriété commerciale en ayant fait échec aux dispositions d'ordre public qui régissent le statut des baux commerciaux. La précarité d'une convention d'occupation se caractérise par la fragilité du droit de l'occupant, la faible redevance acquittée, la spécificité du droit concédé et l'avènement de circonstances exceptionnelles.

La précarité doit être légitime, donc justifiée par des circonstances particulières ; seules les données objectives peuvent caractériser la précarité.

B - Bail de courte durée

Ce type de contrat bien qu'établi au profit d'un commerçant ou d'un artisan, déroge au décret du 30 septembre 1953.

Un bail de courte durée est un contrat à durée déterminée introduit par la loi du 12 mai 1965 dans le but de faire disparaître les conventions d'occupation précaire tout en facilitant les relations contractuelles de courte durée.

Conclu pour une durée au plus égale à deux ans, le bail de courte durée doit remplir les conditions très strictes qui sont la nécessité d'un écrit, la première location et la durée.

1 - Nécessité d'un écrit

A défaut d'un contrat écrit, le bail serait verbal et sa durée est alors obligatoirement de neuf ans.

2 - Première location

La première location est assimilée à la prise en possession des locaux conformément au bail dérogatoire conclu avec les propriétaires, par conséquent, il est admis que l'occupation antérieure pour effectuer des travaux ou pour l'aménagement des locaux n'empêche pas la conclusion d'un bail de deux ans une fois les travaux ou l'aménagement terminés.

3 - Durée

Le bail de courte durée ne peut excéder vingt-quatre mois, par contre, il peut être de plus courte durée selon l'intention des parties.

A l'expiration du délai prévu au bail dérogatoire au décret du 30 septembre 1953, le locataire n'aura pas droit à une indemnité d'éviction s'il quitte les locaux loués ; par contre, s'il reste dans les lieux sans avoir reçu de congé délivré par le bailleur, alors un nouveau bail soumis au statut devient automatiquement opérationnel et sa durée minimale sera de neuf ans.

Dans le cas où la délivrance d'un congé est prévue au contrat, le phénomène décrit précédemment se reproduit, entraînant le bénéfice du statut au profit du locataire en place dès lors que le propriétaire délivre son congé postérieurement à la date prévue dans le bail.

Qu'il s'agisse de renouvellement du bail amiable ou tacite, ou de la conclusion d'un nouveau bail, sa durée ne peut être inférieure à neuf ans et ceci quelle que soit la durée du bail initial à moins que le preneur ne manifeste sa volonté de renoncer au statut en pleine connaissance de cause dès que son droit au renouvellement est acquis.

Le locataire renonce au statut : Selon la Cour de Cassation, le preneur peut, au moment du renouvellement de son bail renoncer en pleine connaissance de cause au bénéfice du statut des baux commerciaux qui lui confère le droit à un bail de neuf ans au minimum et conclure valablement un bail pour une durée plus courte. Lorsque le locataire déclare expressément renoncer à la propriété commerciale à l'expiration de son bail d'une durée inférieure ou égale à deux ans, les parties peuvent conclure régulièrement un nouveau bail dérogatoire. Le preneur qui acquiert, à la fin de la première période de son bail de courte durée, le droit au statut et qui signe postérieurement à cette date avec le bailleur une convention dans laquelle les parties déclarent : "nulles et non avenues toutes les conventions ayant précédemment existé entre elles", est considéré avoir renoncé au bénéfice des dispositions du décret du 30 septembre 1953 par cette même signature.

En règle générale, le preneur n'a pas intérêt à renoncer au statut à l'expiration de son bail de courte durée et au moment de la signature d'un nouveau bail dans lequel il doit y renoncer expressément, ce nouveau bail lui donne le droit à la propriété commerciale qui constitue l'une des conditions fondamentales de son fonds de commerce.

De surcroît, il s'agit d'une renonciation à un droit d'ordre public, ce qui conduit à une certaine prudence en la matière ; les juges du fonds pourraient s'interroger sur les circonstances dans lesquelles le second bail de courte durée aurait été signé avec renonciation, à la propriété commerciale par le locataire en place. il est donc conseillé d'établir un acte séparé de celui du second bail par lequel le preneur renoncerait expressément au statut.

La succession de baux dérogatoires de courte durée consentis, en alternance, au locataire et à des tiers, agissant comme prête-nom, a pour but de faire échec à l'application du statut des baux commerciaux, et cette fraude interdisait au bailleur de prétendre que le locataire a valablement renoncé à son droit acquis au bénéfice de ce statut.

Après le départ définitif du locataire, le bailleur peut conclure avec un véritable tiers un nouveau bail de courte durée.

S'agissant de locaux de consistance différente, le propriétaire peut signer un bail de courte durée avec le même locataire qui n'a pas, dans ce cas, droit au statut.

C - Locations saisonnières

La location est saisonnière lorsque le prix du bail ne correspond pas à un loyer annuel et que les clés sont remises au bailleur par le preneur à la fin de chaque saison estivale.

Les dispositions du décret du 30 septembre 1953 relatives au statut des baux commerciaux ne s'appliquent pas aux locations ayant un caractère saisonnier. Le statut ne leur est pas applicable même en cas de tacite reconduction, de renouvellement amiable ou de conclusion d'un nouveau bail.

Dans ce domaine, la jurisprudence tient compte de la volonté des parties pour déterminer le caractère saisonnier d'une location, peu importe le nombre de saisons durant lesquelles la location se poursuit.

Les juges du fond sont souverains pour apprécier le caractère saisonnier de la location.

Les facteurs essentiels retenus pour exclure la location saisonnière du statut des baux commerciaux sont le caractère discontinu de l'exploitation, le montant du loyer ou les termes du bail prenant fin à chaque échéance.

D - Bail emphytéotique

Introduits par la loi n° 56-245 du 12 mars 1956 et soumis aux dispositions des articles L. 451-7 à L. 451-13 du Code rural, certains baux sont exclus du champ d'application du décret du 30 septembre 1953 sauf en ce qui concerne la révision des loyers lorsque le preneur est commerçant ou artisan, en raison de leur très longue durée et la sécurité offerte en contrepartie au preneur. Ce sont des contrats qui ne présentent pas les caractéristiques d'un bail à loyer.

Le bail emphytéotique est un contrat qui se caractérise par :

- sa très longue durée (de 18 ans au minimum à 99 ans au maximum) ;

- le droit réel accordé au locataire qui peut consentir des hypothèques sur les immeubles loués ;

- la spécificité des obligations contractuelles, ainsi, contre le paiement d'une faible redevance, le locataire prend l'engagement d'apporter toutes les transformations et améliorations nécessaires et d'assumer toutes les charges ainsi que les grosses réparations.

Pour le locataire commerçant, la signature d'un bail emphytéotique est un acte important puisqu'il le prive du droit au statut, donc du droit au renouvellement ou de l'indemnité d'éviction dans le cas d'un refus de renouvellement du bailleur à l'expiration de ce bail.

Par contre, les baux consentis par le titulaire d'un bail emphytéotique sont soumis aux dispositions du décret du 30 septembre 1953 sans que la durée des renouvellements ne dépasse la date d'expiration du bail emphytéotique. Le droit éventuel au renouvellement peut être exercé par le sous-locataire envers le titulaire du bail emphytéotique et non vis-à-vis du propriétaire de l'immeuble.

Le bail à construction diffère du bail emphytéotique principalement par l'obligation faite au locataire d'édifier des constructions sur le terrain objet du bail qui, à l'expiration du bail deviendront, sauf convention particulière, la propriété du bailleur.

Le bail à construction est régi par des dispositions spécifiques énoncées dans les articles L. 251-1 et suivants du Code de la construction et de l'habitation. Le statut des baux commerciaux lui est inapplicable, même pour la révision des loyers prévue par l'article L. 251-5 du même code ou pour le jeu des clauses résolutoires.

Chapitre II
LE RENOUVELLEMENT DU BAIL

Les rapports entre bailleurs et preneurs en ce qui concerne le renouvellement des baux à loyer d'immeubles ou de locaux à usage commercial, industriel ou artisanal sont réglés par les dispositions du décret du 30 septembre 1953 relatif au statut des baux commerciaux.

I - Droit au renouvellement

Le preneur, pour prétendre au droit au renouvellement de son bail, doit remplir les conditions lui accordant le bénéfice du statut énumérées dans le chapitre précédent.

Il aura également à justifier d'une exploitation effective au cours des trois années qui ont précédé la date d'expiration du bail ou de sa reconduction.

A - Conditions relatives au droit au renouvellement

1 - Titulaire du droit au renouvellement

L'article 4 du décret du 30 septembre 1953 modifié par la loi du 16 juillet 1971 réserve le droit au renouvellement au propriétaire du fonds de commerce ; mais, la nécessité d'une exploitation personnelle de celui-ci est supprimée. Peuvent dès lors invoquer le droit au renouvellement : le locataire qui a donné son fonds de commerce en location-gérance ou le locataire qui, sans avoir perdu la propriété du fonds, a constitué pour l'exploitation de celui-ci une société en participation avec un tiers.

Le droit au renouvellement est également ouvert aux copreneurs, aux héritiers et aux cessionnaires.

2 - L'existence d'un fonds de commerce demeure la première des conditions particulières au renouvellement du bail qui devient primordiale, puisqu'elle constitue précisément la justification du droit accordé au preneur.

3 - L'exploitation du fonds de commerce doit être effective.

En effet, non seulement elle est l'objet d'une obligation du locataire, mais elle constitue également une condition du droit au renouvellement.

4 - L'exploitation durant les trois dernières années du bail

La durée d'exploitation du fonds pour permettre de bénéficier du droit au renouvellement du bail commercial s'entend d'une période continue qui a pour terme la date d'expiration du bail ou de sa reconduction.

5 - Capacité du bailleur

Le droit au renouvellement du preneur dépend étroitement du régime de capacité applicable au bailleur.

Aux termes de l'article 456 du Code civil, les baux consentis par le tuteur ne confèrent au preneur, à l'encontre du mineur devenu majeur ou émancipé, aucun droit à renouvellement, nonobstant toute disposition légale contraire, et il ne peut en être autrement qu'en vertu d'une autorisation spéciale du juge des tutelles (loi n 65-570 du 13 juillet 1965).

6 - Validité du bail

Le concours du nu-propriétaire est nécessaire à l'usufruitier pour donner à bail un immeuble à usage commercial, industriel ou artisanal. Un mandat spécial est nécessaire pour la conclusion et le renouvellement des baux relatifs à des biens indivis (art. 815-3 du Code civil).

Les époux mariés sous le régime de la communauté ne peuvent l'un sans l'autre donner à bail un immeuble à usage commercial, industriel ou artisanal lorsque cet immeuble dépend de la communauté (art. 1425 du Code civil)

B - Mise en oeuvre du droit au renouvellement

Le renouvellement d'un bail commercial n'est pas automatique. Pour provoquer l'application des dispositions du décret, la manifestation de volonté de l'une ou l'autre des parties est nécessaire.

Ainsi, l'initiative est formalisée soit par un congé avec offre de renouvellement délivré par le bailleur, soit par une demande de renouvellement faite par le preneur.

En l'absence de cette initiative de part ou d'autre, le contrat arrivé à son terme ne prend pas fin.

Le bail "fait par écrit" donc pour une durée déterminée, "se poursuit par tacite reconduction au-delà du terme fixé par le contrat, conformément à l'article 1738 du Code civil" (art. 5-2 du décret).

Ainsi, les relations entre le bailleur et le preneur continuent sur la base de l'ancien bail mais pour une durée indéterminée ; chacune des parties gardant la possibilité, à tout moment, de mettre en oeuvre l'application du statut des baux commerciaux.

1 - Congé avec offre de renouvellement

Le congé, pour être régulier, doit obéir à des conditions uniformes énoncées par les articles 5 et 6 du décret du 30 septembre 1953. Constitue un principe général du droit des baux commerciaux la nécessité d'un congé mettant fin au bail commercial.

Ce principe est énoncé par les termes de l'article 5 du décret : "Par dérogation aux articles 1736 et 1737 du Code civil, les baux de locaux soumis aux dispositions du présent décret ne cessent que par l'effet d'un congé donné suivant les usages locaux et au moins six mois à l'avance".

Par contre, les dispositions d'ordre public du décret de 1953 ne s'opposent pas à la résiliation amiable, judiciaire ou de plein droit du bail.

Donné au moins six mois à l'avance ou dans un délai conforme aux usages locaux, le congé doit être signifié par un acte d'huissier. Doivent figurer dans le congé trois mentions exigées par les textes :

- la motivation, constituée par l'expression de la volonté du bailleur d'offrir le renouvellement ;

- l'indication que le locataire qui entend le contester ou demander une indemnité d'éviction (en cas de refus de renouvellement) doit, à peine de forclusion, saisir le tribunal avant l'expiration d'un délai de deux ans à compter de la date pour laquelle le congé a été donné, l'omission de cette mention est sanctionnée par la nullité, à condition que le locataire ait subi un préjudice ;

- pour le bailleur qui désire modifier le prix du bail à renouveler, il doit faire connaître au preneur le loyer qu'il propose. Mais, cette mention ne donne pas lieu au même type de sanction que les deux précédentes.

L'acceptation de principe du renouvellement du bail commercial par le bailleur, n'équivaut pas, à elle seule, à la conclusion du bail. Le bailleur peut donc revenir sur la proposition de renouvellement en offrant de payer l'indemnité d'éviction.

2 - Demande de renouvellement par le preneur

Lorsque le bailleur ne lui signifie pas de congé, le locataire qui veut obtenir le renouvellement de son bail peut avoir intérêt à en faire la demande, soit pour échapper à une situation instable, soit pour éviter que le bail se poursuive au-delà de douze ans, ce qui autoriserait le bailleur à demander le déplafonnement du loyer.

La demande peut être faite dans les six mois qui précèdent l'expiration du bail, ou, le cas échéant, à tout moment au cours de sa reconduction. La demande reste facultative car l'expression "à défaut de congé" s'entend à défaut de congé délivré pour la date d'expiration contractuelle du bail.

Le destinataire de la demande est en principe la personne ayant le pouvoir de consentir au renouvellement, c'est-à-dire le bailleur (le propriétaire ou son mandataire).

La demande formulée en dehors de la *période de six mois* précédant l'expiration de la location ne produit pas d'effet même dans le cas d'une confirmation par lettre recommandée au cours de cette période.

La demande en renouvellement, comme le congé, doit être formulée obligatoirement par *acte extrajudiciaire*.

L'envoi de la demande par lettre recommandée la rend inopposable au bailleur et est sans effet.

La demande doit enfin reproduire à peine de nullité les termes de l'article 6 alinéa 4 du décret qui dispose : "Dans les trois mois de la signification de la demande en renouvellement, le bailleur doit, dans les mêmes formes, faire connaître au demandeur s'il refuse le renouvellement en précisant les motifs de ce refus. A défaut d'avoir fait connaître ses intentions dans ce délai, le bailleur est réputé avoir accepté le principe du renouvellement du bail précédent" ; ainsi, la demande de renouvellement met fin au bail qui se poursuit par tacite reconduction jusqu'à l'acceptation du bailleur ou son refus de renouveler le contrat.

3 - Réponse du bailleur à une demande en renouvellement

Le bailleur qui reçoit une demande en renouvellement régulière peut adopter l'une des trois attitudes suivantes :

- refuser le renouvellement en précisant les motifs de son refus ;

- accepter expressément le principe du renouvellement en indiquant le montant du loyer qu'il réclame ;

- garder le silence ; alors, il est réputé avoir accepté le principe du renouvellement du bail précédent et il ne peut plus invoquer un motif grave et légitime de refus de renouvellement connu de lui au moment de son acceptation tacite.

4 - Prescription de l'action

La prescription biennale ne peut s'appliquer qu'à un congé régulier comportant les mentions exigées par la loi.

Le bailleur et le preneur disposent, en principe, d'un délai d'action réduit à deux ans pour agir en justice et contester les positions prises.

Lorsque le locataire qui a reçu un congé avec offre de renouvellement, refuse le montant du loyer proposé sans saisir le tribunal, la Cour de Cassation a posé le principe selon lequel le renouvellement du bail n'est pas subordonné à une fixation préalable du nouveau prix.

Ainsi, en l'absence de saisine du juge des loyers d'une demande en fixation du nouveau prix dans le délai de deux ans par le bailleur ou le locataire, la prescription ne joue pas et le congé avec offre de renouvellement reste toujours valable et le bail est renouvelé aux charges et conditions de l'ancien et donc au prix antérieurement pratiqué. En effet, le défaut d'action en fixation du loyer ne peut avoir d'effet que sur le point de départ du prix du bail renouvelé.

C - Renouvellement par l'exercice du droit de repentir

Le droit de repentir est accordé au bailleur qui refuse le renouvellement du bail commercial moyennant le versement d'une indemnité d'éviction. Le droit de repentir prévu à l'article 32 du décret n'impose aucune forme particulière pour sa notification. Il s'agit donc de toute manifestation expresse de volonté, lettre recommandée avec accusé de réception, significations de conclusions rédigées en cours d'instance ou désistement d'instance et d'action.

II - Bail renouvelé entre les parties

En principe, le renouvellement du bail commercial a lieu aux clauses et conditions du bail expiré à l'exception du prix du loyer qui devrait changer par rapport au prix fixé au bail initial.

A - Renouvellement à l'amiable

1 - Un nouveau bail

Le bail renouvelé à l'amiable avec les mêmes clauses que le précédent est un nouveau bail ; dès lors, l'engagement d'une caution garantissant le paiement du loyer du bail initial ne s'étend pas au nouveau bail si la caution n'est pas intervenue à l'acte de renouvellement.

Sauf convention contraire, le bail renouvelé conservant la même destination, fait peser sur le bailleur et le preneur les mêmes charges et conditions que le précédent bail.

2 - Durée

La durée du bail renouvelé est au minimum de neuf ans. Les parties signataires du bail peuvent convenir d'une durée supérieure, mais le bailleur, afin d'échapper au plafonnement du loyer, ne peut l'imposer à son locataire.

3 - Point de départ

"Le nouveau bail prendra effet à compter de l'expiration du bail précédent ou, le cas échéant, de sa reconduction, cette dernière date étant soit celle pour laquelle le congé a été donné, soit, si une demande de renouvellement a été faite, le terme d'usage qui suivra cette demande" (art. 7, al. 3).

4 - Consistance du local

Le nouveau bail doit comprendre les mêmes locaux loués que ceux qui figuraient au bail primitif.

Les locaux accessoires bénéficient aussi du droit au renouvellement à partir du moment où leur privation est de nature à compromettre l'exploitation du fonds de commerce.

B - Fixation judiciaire des conditions du bail renouvelé

Lorsque le bailleur ou le locataire soulève une contestation relative aux conditions du bail renouvelé, le litige doit être porté devant les tribunaux.

Toutefois, selon la jurisprudence :

- aucune juridiction n'a le pouvoir de modifier les clauses dont la licéité n'est pas mise en cause ;

- le renouvellement d'un bail commercial s'opérant, hormis la fixation du prix par le juge, aux clauses et conditions du bail venu à expiration, aucune juridiction n'a le pouvoir de modifier les clauses, même accessoires, du bail commercial à renouveler.

Après la décision judiciaire fixant les conditions du bail renouvelé, les parties doivent à nouveau faire connaître, dans un délai d'un mois, leur position de façon expresse ou présumée. Ils ont le choix soit de décider d'un commun accord expressément ou tacitement de conclure un nouveau bail dans les termes du jugement ; soit de se rétracter pour le preneur en renonçant au renouvellement, et pour le bailleur en refusant le renouvellement.

III - Fixation du loyer du bail renouvelé

Selon les dispositions de l'article 23 du décret du 30 septembre 1953, le prix des baux commerciaux renouvelés devrait dans tous les cas être fixé à la valeur locative.

Dans la réalité, le loyer est souvent calculé en fonction de la variation de l'indice du coût de la construction prévue à l'article 23-6 du décret modifié.

La valeur locative est recherchée pour être appliquée lorsque le locataire peut prouver que cette valeur est inférieure au loyer plafonné ; ou lorsque le bail, en application d'une disposition prévue au décret, peut bénéficier d'un loyer déplafonné, comme le cas d'un bail dont la durée est supérieure à douze ans.

Chapitre III
REFUS DE RENOUVELLEMENT DU BAIL

Au terme du bail, chacune des parties est autorisée à mettre fin aux relations contractuelles.

Le congé peut être délivré par le preneur afin d'éviter que le bail ne se poursuive par tacite reconduction ; il peut également émaner du bailleur qui, par application de l'article 8 du décret, "peut refuser le renouvellement du bail". Ce refus s'exprime aussi par un congé, délivré conformément aux dispositions de l'article 5 ou par la signification visée par l'article 6 et notifiée au locataire dans les trois mois de la demande de renouvellement ou enfin, en faisant jouer le droit d'option accordé aux parties pendant un mois après la signification de la décision définitive de la juridiction chargée de fixer les conditions du nouveau bail.

Le refus de renouvellement du bailleur entraîne, en principe, l'obligation d'indemniser le preneur, sauf si le bailleur peut justifier de circonstances particulières - motifs graves et légitimes ou droit de reprise - pour échapper à cette indemnisation.

I - Congé délivré avec refus de renouvellement

Le congé avec refus de renouvellement du bail délivré par le bailleur au locataire doit être signifié par acte d'huissier et il doit contenir les mentions obligatoires énoncées dans le chapitre précédent. Le congé doit en outre préciser les motifs pour lesquels il est donné.

Un congé avec refus de renouvellement par lequel le bailleur offre de payer une indemnité d'éviction n'a pas à être autrement motivé. Est obligé d'invoquer des griefs connus à l'encontre du preneur, le bailleur qui délivre un congé avec refus de renouvellement sans indemnité d'éviction. Le locataire qui reçoit un congé régulier avec refus de renouvellement et une offre d'indemnité d'éviction, peut soit accepter l'indemnité proposée et en discuter le montant avec le bailleur, soit saisir le tribunal en cas de désaccord ou lorsque le congé avec refus de renouvellement est donné sans indemnité d'éviction.

Le bailleur et le locataire disposent d'un délai d'action réduit à deux ans pour saisir le tribunal et contester la position prise.

Toutefois, selon la Cour de Cassation, la forclusion ne joue pas lorsque le bailleur, tout en refusant le renouvellement, offre une indemnité d'éviction, car le bailleur reconnaît au preneur le droit à cette indemnité ; mais, quand le congé avec refus de renouvellement est donné sans indemnité d'éviction, la Cour suprême décide que le preneur qui n'introduit pas l'instance en fixation de l'indemnité prévue au décret dans le délai de deux ans à compter de la date pour laquelle le congé a été donné, se trouve forclos et déchu du droit à indemnité d'éviction.

II - Le refus de renouvellement avec indemnité d'éviction

L'indemnité d'éviction représente la réparation du préjudice causé au locataire par le refus de renouvellement du bail.

A - Bénéficiaire et débiteur de l'indemnité d'éviction

Les dispositions de l'article 8 du décret attribuent le bénéfice de l'indemnité d'éviction au locataire qui remplit les conditions donnant droit à la propriété commerciale et à l'application du statut des baux commerciaux. Lorsque le fonds de commerce est exploité par un usufruitier, la Cour de Cassation a reconnu le bénéfice de l'indemnité d'éviction au nu-propriétaire et à l'usufruitier. Le droit à indemnité se transmet aux héritiers du preneur.

Le bailleur qui use de son droit de refuser le renouvellement est le débiteur de l'indemnité d'éviction. Il doit s'en acquitter auprès du locataire.

B - Evaluer l'indemnité d'éviction

L'indemnité qui correspond à la valeur du préjudice causé par le non renouvellement, comprend, pour son évaluation, la valeur marchande du fonds de commerce, déterminée suivant les usages de la profession, augmentée éventuellement des frais normaux de déménagement et de réinstallation ainsi que des frais et droits de mutation à payer pour un fonds de même valeur, sauf dans le cas où le propriétaire fait la preuve que le préjudice est moindre.

L'indemnité d'éviction est considérée, d'après les dispositions de l'article 8, comme une indemnité de "remplacement" permettant ainsi au locataire qui perd son fonds de commerce, d'acquérir un fonds équivalent et de continuer une activité malgré la fin des relations contractuelles ; mais, subsiste également la situation particulière où le refus de renouvellement n'entraîne pas la disparition de la clientèle, celle-ci n'étant pas attachée au lieu de situation du fonds ; tel est le cas pour une société de diffusion du livre dans lequel le bailleur peut apporter la preuve que le préjudice est moindre afin de fixer une indemnité correspondant non à la valeur du fonds mais à celle de déplacement (frais de déménagement et autres indemnités éventuelles).

L'indemnité d'éviction est calculée en tenant compte des seules activités autorisées par le bail. C'est à la date du refus de renouvellement qu'il convient de se placer pour savoir si le locataire remplit ou non les conditions légales pour avoir droit à l'indemnité d'éviction.

C - Calcul de l'indemnité d'éviction

Le pouvoir d'appréciation des tribunaux est souverain pour estimer le montant de l'indemnité.

Par conséquent, en l'absence de griefs fondés, il n'est pas possible de remettre en cause l'évaluation souveraine faite par les juges du fond du montant de l'indemnité d'éviction.

Dans la majorité des cas de calcul de l'indemnité d'éviction, le magistrat demande à un expert de proposer un chiffrage de l'indemnité. Deux rendez-vous sont généralement pris, l'un chez le locataire et l'autre chez l'expert.

Deux règles se dégagent :

- la valeur du droit au bail, dont la jurisprudence a fini par admettre qu'il constitue un élément d'appréciation de la valeur marchande du fonds de commerce, est la valeur plancher du fonds de commerce ; l'indemnité d'éviction est au moins égale au droit au bail ;

- l'indemnité d'éviction doit correspondre à la solution de réinstallation la plus économique dans sa réalisation.

Lorsque le fonds existant n'est pas transférable, la *valeur de remplacement* est retenue puisque le départ du locataire entraîne la perte du fonds de commerce et plus particulièrement de la clientèle. La valeur de remplacement est également retenue pour l'indemnisation dans le cas où la valeur de déplacement est supérieure à la valeur du fonds qui forme alors un butoir.

Doivent rentrer en ligne de compte pour le calcul de l'indemnité d'éviction tous les éléments constituant le fonds de commerce ; les frais et droits de mutation ; les frais normaux de déménagement et de réinstallation.

L'indemnité d'éviction doit être calculée au moment où le préjudice est réalisé, c'est-à-dire soit à la date de l'éviction, soit du moins à la date où le locataire cesse d'occuper régulièrement les lieux.

D - Règlement de l'indemnité d'éviction

Le bailleur qui doit verser une indemnité d'éviction à son locataire ou à ses héritiers et qui n'a pas exercé son droit de repentir, ou n'a pu exercer ce droit du fait de la réinstallation du preneur, doit s'acquitter de cette indemnité dès l'expiration du délai de quinze jours prévu pour l'exercice de ce droit de repentir. A défaut, et si un commandement de payer lui est délivré par acte d'huissier, il dispose alors d'un délai de trois mois pour s'exécuter.

Aucun locataire pouvant prétendre à une indemnité d'éviction ne peut être obligé de quitter les lieux avant d'être indemnisé. Pendant la durée d'occupation, le locataire doit payer au bailleur une indemnité qui doit correspondre à la valeur locative qui doit prendre en considération notamment les caractéristiques de la location. Le bailleur doit demander cette indemnité dans un délai de deux ans à peine de forclusion.

Le preneur évincé a le droit de se maintenir dans les lieux en respectant les clauses et conditions du bail expiré.

A défaut de quitter les lieux le premier jour du terme d'usage qui suivra l'expiration d'un délai de quinze jours à compter du paiement par le bailleur de l'indemnité d'éviction, le locataire devra payer au bailleur après mise en demeure délivrée par celui-ci, une pénalité de 1 % par jour de retard retenue par le séquestre sur le montant de l'indemnité d'éviction. Le montant de cette retenue sera restitué au bailleur sur sa seule quittance.

III - Le droit de repentir

Après avoir délivré congé avec refus de renouvellement du bail, le propriétaire peut exercer son droit de repentir.

L'article 32 du décret lui accorde le droit de repentir dans ces termes : "Le propriétaire peut, jusqu'à l'expiration d'un délai de quinze jours à compter de la date à laquelle la décision sera passée en force de chose jugée, se soustraire au paiement de l'indemnité, à charge par lui de supporter les frais de l'instance et de consentir au renouvellement du bail, dont les conditions, en cas de désaccord, sont fixées conformément aux règles des articles 29 à 30-1".

Le droit de repentir du propriétaire est un droit de rétractation. Il ne peut être exercé que pendant un certain délai et dans la mesure où le locataire est encore dans les lieux.

Le délai réglementaire est fixé à quinze jours à compter de la date à laquelle la décision sera passée en force de chose jugée, c'est-à-dire après que les délais de recours seront épuisés.

L'exercice du droit de repentir emporte obligation du bailleur au paiement des frais de procédure.

Le droit de repentir ne peut pas être exercé en cas de départ du locataire ou d'acte juridique passé pour sa réinstallation, le preneur prenant ses dispositions, n'a pas à attendre une décision judiciaire d'expulsion pour agir.

L'exercice du repentir emporte, par lui-même, renouvellement du bail, la notification équivaut à un engagement irrévocable de la part du propriétaire.

L'exercice du droit de repentir du bailleur est sans influence sur la durée du bail initial auquel il a été mis fin par un congé avec refus de renouvellement.

Le loyer du bail renouvelé est fixé à la valeur locative qui doit être appréciée rétroactivement à la date de report du point de départ du nouveau bail.

IV - Refus de renouvellement sans indemnité d'éviction

Les dispositions des articles 9 à 15 du décret sur les baux commerciaux prévoient les exceptions au principe d'indemnisation dont les justifications sont de tout temps : la faute du locataire et l'intérêt du bailleur. Le propriétaire ou son mandataire, pour donner congé avec refus de renouvellement sans indemnité d'éviction, doit justifier d'un "motif grave et légitime à l'encontre du locataire sortant" (art. 9-1 du décret). En fait, trois sortes de motifs peuvent être retenues :

- l'inexécution d'une des conditions du bail ;

- la cessation de l'exploitation du fonds commercial, industriel ou artisanal ;

- l'attitude injurieuse du preneur envers le bailleur.

Il faut donc que la faute du preneur soit suffisamment grave pour faire obstacle à la poursuite des rapports contractuels entre les parties.

Le bailleur doit avertir le preneur, par une mise en demeure préalable, de la sanction qu'il encourt. Cette mise en demeure a été introduite, à l'article 9-1 du décret, par la loi du 30 juillet 1960, dans ces termes : "Toutefois, s'il s'agit soit de l'inexécution d'une obligation, soit de la cessation sans raison sérieuse et légitime de l'exploitation du fonds, compte tenu des dispositions de l'article 4, l'infraction commise par le preneur ne pourra être invoquée que si elle s'est poursuivie ou renouvelée plus d'un mois après mise en demeure du bailleur d'avoir à la faire cesser. Cette mise en demeure devra, à peine de nullité, être effectuée par acte extrajudiciaire, préciser le motif invoqué et reproduire les termes du présent alinéa".

Le refus de renouvellement du bail et la mise en demeure d'avoir à cesser l'infraction peuvent figurer dans un même acte délivré par exploit d'huissier.

V - Refus de renouvellement avec exercice du droit de reprise

Les dispositions du titre III du décret du 30 septembre 1953 modifié par la loi du 30 juillet 1960 autorisent le bailleur à refuser le renouvellement du bail sans être tenu au paiement d'aucune indemnité dans certains cas exceptionnels et en dehors de toute faute du locataire, avec l'exercice de son droit de reprise.

On distingue plusieurs catégories de l'exercice du droit de reprise :

- pour démolir un immeuble en état d'insalubrité reconnue par l'autorité administrative ou en raison de son état de vétusté prouvée ;

- pour construire ou reconstruire par le propriétaire ou son mandataire ;

- pour reprise temporaire pour surélévation ;

- d'un terrain nu pour construire un local d'habitation ;

- pour habiter, à condition que la reprise porte sur des locaux d'habitation accessoires des locaux commerciaux.

L'article 14 du décret tente de protéger le locataire qui, en principe, n'a pas droit à une indemnité d'éviction versée par le propriétaire. Ainsi, le bailleur est tenu, dans ce cas, de mettre à la disposition du locataire évincé le logement rendu éventuellement vacant par l'exercice du droit de reprise.

Pour s'assurer de la réalité des besoins du bénéficiaire de la reprise, l'article 14 du décret stipule : sauf motif légitime, le bénéficiaire de la reprise doit occuper personnellement les lieux dans un délai de six mois à dater du départ du locataire évincé et pendant une durée minimum de six ans, faute de quoi le locataire évincé aura droit à une indemnité d'éviction en rapport avec l'importance des locaux repris".

Il est donc nécessaire que les besoins en vue desquels la reprise est notifiée existent à la date à laquelle celle-ci doit se réaliser. Les juges doivent examiner si ces besoins existent encore à la date à laquelle ils statuent. Les besoins normaux du propriétaire devant correspondre à une utilisation normale du local, le bailleur qui exerce le droit de reprise pour habiter a l'obligation d'occuper à cet usage la totalité des lieux.

Enfin, la reprise partielle de locaux d'habitation entraînera la diminution du loyer.

Chapitre IV
LES SOUS-LOCATIONS

I - Notion de sous-location

Est considérée comme sous-location, l'installation d'un tiers dans les lieux, opérée dans son intérêt et celui du locataire, et conditionnée par des prestations réciproques.

Avec le souci de concilier la liberté contractuelle avec les impératifs de la propriété commerciale, le titre IV du décret du 30 septembre 1953, relatif aux sous-locations, contient des dérogations au droit commun. Afin d'éviter un acte de spéculation de la part d'un commerçant qui n'exploite plus le fonds de commerce, l'article 21 du décret interdit la sous-location.

Mais cette prohibition n'est pas absolue dans le sens où l'article 21-1 et 2 dispose :

"sauf stipulation contraire au bail ou accord du bailleur, toute sous-location totale ou partielle est interdite. En cas de sous-location autorisée, le propriétaire est appelé à concourir à l'acte".

II - Conditions de validité de la sous-location

A - Autorisation du bailleur

N'est soumis à aucune limitation, le droit pour le bailleur d'interdire toute sous-location ou prêt de locaux loués à usage commercial sans son autorisation expresse et préalable par écrit, sous peine de résiliation du bail. L'interdiction est de principe et l'autorisation est dérogatoire.

En l'absence de clause d'autorisation stipulée au bail ou d'accord du bailleur, les tribunaux n'ont pas le pouvoir de suppléer un refus du propriétaire, même abusif.

Opérations qui ne sont pas des sous-locations

Lorsque le locataire ne consent pas un contrat de louage au sens de l'article 1709 du

Code civil, l'opération peut être licite à condition qu'elle ne soit pas expressément exclue par le bail bénéficiaire du statut des baux commerciaux. Il en est ainsi de la location-gérance consistant à louer un immeuble incorporel ; de la mise à disposition gratuite et précaire ; de la domiciliation dont le contrat porte sur une simple prestation de services.

B - Concours du bailleur à l'acte

L'autorisation de sous-louer ne dispense pas le preneur d'appeler le propriétaire à concourir à l'acte, que la sous-location ait été expressément ou tacitement autorisée.

L'article 21 alinéa 4 dispose : "le locataire doit faire connaître au propriétaire son intention de sous-louer par acte extrajudiciaire ou par lettre recommandée avec demande d'avis de réception. Dans les quinze jours de la réception de cet avis, le propriétaire doit faire connaître s'il entend concourir à l'acte. Si, malgré l'autorisation prévue à l'alinéa 1, le bailleur refuse ou s'il omet de répondre, il est passé outre".

La notification peut comporter à la fois l'intention de sous-louer et l'information sur la date de l'acte prévu au-delà de quinze jours de la réception de l'avis ; lorsque, durant ce délai, le bailleur a refusé de concourir à l'acte, ou en cas de non réponse de sa part à l'expiration du délai, le locataire peut consentir la sous-location à condition de disposer d'une autorisation préalable.

C - Sanctions

La résiliation judiciaire est à bon droit prononcée faute de concours du bailleur à l'acte.

Les sanctions habituelles régies par les dispositions du décret sur les baux commerciaux s'appliquent au locataire principal en cas de sous-location interdite ou qui n'aurait pas sollicité l'autorisation du bailleur et/ou aurait omis la formalité de concours : refus de renouvellement de bail pour motif grave et légitime, sans mise en demeure préalable ; prononcé à bon droit de la résiliation du bail ; constatation de la résiliation, en présence d'une clause résolutoire visant expressément la sous-location.

D - Recours du sous-locataire

Le sous-locataire, en cas de sous-location irrégulière, peut prétendre à une indemnisation versée par le locataire principal. Il peut également être fondé à demander la résiliation du bail lorsque son bailleur n'est pas en mesure de lui assurer le respect par le propriétaire de son droit à exploiter le fonds.

Toutefois, la responsabilité du sous-locataire peut être recherchée, s'il n'exige pas du sous-bailleur qu'il appelle le propriétaire à concourir à l'acte de sous-location.

III - Régime de la sous-location

A - Caractère distinct

En ce sens que la sous-location peut être soumise au décret bien que le bail principal n'y soit pas soumis.

B - Rapports entre le sous-locataire et le propriétaire

Théoriquement, aucun lien juridique n'existe entre le sous-locataire et le bailleur. Toutefois, l'article 1753 du Code civil reconnaît au propriétaire non payé la possibilité de poursuivre le sous-locataire jusqu'à concurrence du prix du loyer de la sous-location. L'article 22-2 du décret dispose : "A l'expiration du bail principal, le propriétaire n'est tenu au renouvellement que s'il a, expressément ou tacitement, autorisé et agréé la sous-location et si, en cas de sous-location partielle, les lieux faisant l'objet du bail principal ne forment pas un tout indivisible matériellement ou dans la commune intention des parties" ; ainsi, le droit direct du sous-locataire n'est qu'un droit purement subsidiaire supposant une rupture des relations nées du contrat principal. Le propriétaire doit avoir autorisé la sous-location et doit avoir concouru à l'acte.

C - Rapports entre le locataire principal et le propriétaire

Les rapports entre le bailleur et le locataire principal restent inchangés, sauf lorsque la sous-location est consentie à un prix supérieur au montant du loyer principal. Le propriétaire peut alors exiger un réajustement du prix du loyer en application de l'article 21 du décret sauf à prouver que la chose sous-louée est autre que la chose louée.

En cas de désaccord sur la majoration demandée par le propriétaire, l'action sera portée devant le Tribunal de grande instance.

D - Rapports entre locataire principal et sous-locataire

Durant le bail principal, le sous-locataire n'entretient de rapports juridiques qu'avec le locataire principal dénommé sous-bailleur et sur la base du sous-contrat signé avec lui.

Le droit au renouvellement du bail du sous-locataire s'exercera, en principe, envers le locataire principal à condition que le bail le permette.

La durée de la sous-location ne saurait dépasser le temps restant à courir pour le bail principal, le locataire principal ne pouvant pas transmettre plus de droits qu'il n'en possède lui-même.

IV - Renouvellement de la sous-location par le locataire principal

A - Locataire titulaire du droit au renouvellement

Lorsque le locataire principal ne bénéficie plus du statut et est donc déchu de tout droit au renouvellement, il ne saurait consentir au renouvellement d'une sous-location portant à la fois sur les constructions objet d'accession et sur le terrain objet du bail principal.

L'article 22 du décret dispose que "le sous-locataire peut demander le renouvellement de son bail au locataire principal dans la mesure des droits que ce dernier tient lui-même du propriétaire". Le sous-locataire bénéficiaire du statut des baux commerciaux est ainsi susceptible d'exercer son droit au renouvellement de bail à l'encontre du locataire principal sous réserve que le contrat soit en cours.

Le droit au renouvellement du bail du sous-locataire dépend du sort du bail principal lorsque ce dernier et le bail de sous-location expirent à la même date.

Si le locataire principal, n'étant pas obligé par une disposition légale, ne demande pas le renouvellement de son propre bail, le sous-locataire ne possède aucun recours contre ce dernier, à moins que l'abstention du locataire principal ne soit intervenue en fraude de ses droits.

B - Sous-location irrégulière

Le sous-locataire ne peut pas demander au locataire principal le renouvellement d'une sous-location irrégulière, si pour la consentir, le preneur encourt lui-même la résiliation de son bail principal.

Une sous-location conclue est irrégulière à défaut d'intervention du bailleur à l'acte.

Chapitre V
LOYER

I - Fixation initiale du prix du bail

A - Liberté des parties

Le loyer initial d'un bail commercial doit être librement débattu entre le bailleur et le preneur et ne peut être imposé à l'un ou à l'autre par décision de justice.

Les parties sont libres de définir les éléments pouvant entrer dans la composition du montant du loyer : l'emplacement, la superficie et le volume des locaux, leur divisibilité, les possibilités offertes pour l'activité à exercer dans les lieux, le standing, l'existence de services communs, les surfaces en devanture ou affectées à la réception du public, les surfaces réellement utilisables pour l'exploitation du fonds de commerce, les agencements, les équipements, la présence des réseaux câblés, l'état d'entretien, la vétusté, l'existence de réserve, la présence de locaux accessoires, la conformité des locaux aux diverses normes administratives.

B - Valeur locative

Afin d'évaluer le prix du loyer, le locataire demandera au bailleur le montant prévisionnel et la liste des charges de fonctionnement. Le bailleur cherchant à optimiser son investissement et le preneur tentant d'obtenir le prix qui pèsera le moins sur son profit, il est de l'intérêt des parties de fixer un loyer correspondant au prix du marché et calculé en tenant compte des caractéristiques de la location, de ses particularismes, ainsi que des charges imposées au locataire.

L'article 23 du décret du 30 septembre 1953 dispose que : "Le montant des loyers des baux à renouveler ou à réviser doit correspondre à la valeur locative".

Arbitré par l'offre et la demande de locaux commerciaux, le montant des loyers des baux à renouveler ou à réviser correspond au prix du marché, c'est-à-dire la valeur locative.

En cas de désaccord entre les parties, la valeur locative est déterminée selon cinq critères fondamentaux :

- les caractéristiques du local considéré ;
- la destination des lieux ;
- les obligations respectives des parties ;
- les facteurs locaux de commercialité ;
- les prix couramment pratiqués dans le voisinage.

D'autre part, les signataires d'un bail sont libres du choix du mode de répartition des charges.

Les juges, prenant en considération les divers éléments énumérés précédemment pour fixer la valeur locative, apprécient souverainement le loyer révisé.

Est exclue de ces éléments, la méthode de rentabilité.

La révision triennale prévue par le statut des baux commerciaux, interviendra à la demande du bailleur du preneur, peu importe que le bail la prévoit expressément ou non.

Un arrêt, considérant que le bail renouvelé est un nouveau bail et non le simple prolongement du bail antérieur, a retenu que le prix du bail renouvelé devrait être fixé à la valeur locative, inférieure en l'espèce au loyer expiré (Civ. 3ème, 29 oct. 1986, Gaz.Pal.1987, 1.218, note Brault). Les clauses-recettes sont exclues des dispositions du statut, telle la révision d'un loyer comprenant une partie fixe et une partie constituée par un pourcentage du chiffre d'affaires du preneur.

II - Modalité de paiement du prix du bail

1 - Lieu de paiement

L'article 1247 du Code civil stipule que le paiement doit être exécuté dans le lieu désigné par la convention ou, en l'absence de convention, effectué au domicile du preneur.

Le locataire doit également s'acquitter des charges.

2 - Mode de paiement

Le preneur doit toujours régler son loyer selon un mode légal de paiement.

L'article 80 de la loi n° 88-1149 du 23 décembre 1988 dispose que les règlements qui excèdent le montant de 5 000 F portant notamment sur les loyers doivent être effectués par chèque barré, virement ou carte de paiement ou de crédit.

L'article 11 de la loi n° 77-1457 du 29 décembre 1977 de portée générale prévoit la possibilité pour le preneur d'exiger de son bailleur une quittance ou un reçu des sommes versées.

Le paiement des loyers est soumis à la prescription quinquennale.

III - Droit de bail ou TVA

1 - Droit de bail

Les locaux commerciaux dont le prix du loyer annuel est supérieur à 12 000 F, sont, en principe, passibles du droit de bail de 2,5 %. Le droit de bail est liquidé sur le prix exprimé et est perçu chaque année sur les loyers courus du 1er octobre de l'année précédente au 30 septembre de l'année en cours, sur production d'une déclaration souscrite par le bailleur.

2 - Taxe additionnelle au droit de bail

La taxe additionnelle au droit au bail est due indépendamment de l'affectation des locaux loués. Son taux est fixé à 2,5 %. La taxe additionnelle est soumise aux mêmes règles d'assiette et de liquidation que le droit au bail.

3 - Baux commerciaux et TVA

Sont exonérées de la TVA sur le loyer et les charges locatives, les locations de locaux nus, quelle que soit leur nature et quel que soit le statut juridique du bailleur, même si elles sont consenties par des sociétés commerciales, à condition dans ce cas, que lesdites locations demeurent étrangères à l'activité commerciale de la société.

Option pour la TVA. C'est au bailleur que revient l'initiative d'opter pour la TVA. Cette option est possible que le preneur soit assujetti ou non à la TVA, il suffit que celui-ci utilise le local nu pour les besoins de son activité.

Cette option permet au bailleur, sous certaines conditions, de récupérer la taxe ayant grevé la construction de l'immeuble ou les travaux d'entretien.

Le locataire, quant à lui, peut, s'il est assujetti à la TVA, récupérer la taxe qui lui est facturée par le bailleur.

A l'exception du dépôt de garantie et des charges locatives, le taux normal de 20,6 % est appliqué à toutes les locations de locaux nus.

IV - Indexation du loyer

Pour la révision des loyers des baux commerciaux, deux modalités s'offrent au bailleur et au locataire : la révision légale ou triennale conformément aux dispositions de l'article 27 du décret relatif aux baux commerciaux ou l'indexation conventionnelle ou clause d'échelle mobile dont l'indice doit respecter des règles impératives.

1 - Les indexations globales, retenant comme base, soit le salaire minimum interprofessionnel de croissance, soit le niveau général du prix ou des salaires, *sont interdites* selon les dispositions de l'ordonnance du 30 décembre 1958 (modifiée par l'ordonnance du 4 février 1959). Les dispositions de cette ordonnance sont d'ordre public.

2 - L'indexation des baux commerciaux doit être en relation directe soit avec l'objet du contrat, soit en relation directe avec l'activité du bailleur ou du preneur. La clause d'échelle mobile suppose que le loyer suivra les variations du prix d'une marchandise, d'un service ou d'un indice.

3 - Indice du coût de la construction

L'indexation sur la variation de l'indice national du coût de la construction publié par l'INSEE est réputée en relation directe avec l'objet du bail commercial relatif à un immeuble bâti (loi du 9 juillet 1970).

V - Pas-de-porte ou loyer "à l'américaine"

Au moment de la conclusion du bail initial, le bailleur peut exiger de son futur locataire le versement d'une somme d'argent désignée sous le vocable "pas-de-porte" ou "droit d'entrée".

Cette pratique du bailleur est concurrencée par celle du loyer dit "à l'américaine" qui se caractérise par l'absence de pas-de-porte.

La pratique du pas-de-porte, dont la validité n'a jamais été contestée en droit des baux commerciaux, trouvait sa justification à l'époque, en raison de la pénurie des locaux commerciaux, soit par suite de l'emplacement privilégié des locaux mettant en présence plusieurs locataires candidats ; soit par une volonté du bailleur d'accepter un loyer relativement bas afin de disposer immédiatement d'un "droit d'entrée" ; mais sa justification économique s'est modifiée avec l'apparition de la propriété commerciale. Considéré comme la contrepartie des prérogatives importantes accordées au locataire, droit au renouvellement et indemnités d'éviction censés déprécier la valeur de l'immeuble, le pas-de-porte fut ensuite analysé sous l'influence des facteurs propres à la réglementation des loyers.

VI - Accessoires du loyer

1 - Dépôt de garantie

Le versement d'une somme à la conclusion du bail au propriétaire destinée à garantir la bonne exécution du contrat et restituée en fin de bail constitue un dépôt de garantie.

Aucune obligation n'impose au propriétaire de réclamer au nouveau locataire un dépôt de garantie. Mais, si ce dernier est exigé par le bailleur, il est d'usage de stipuler dans le bail que le locataire devra verser, à la conclusion du bail, un dépôt qui représente :

- soit trois mois de loyers si ceux-ci sont payables d'avance ;

- soit six mois de loyers s'ils sont réglés à terme échu.

2 - Charges

Les charges correspondent aux dépenses liées à l'utilisation de l'immeuble. Il est à distinguer deux catégories de dépenses relatives aux dispositions applicables aux loyers des baux commerciaux. Les premières, véritables charges locatives pesant normalement sur le locataire, représentent un accessoire du loyer relatives aux frais d'entretien des parties communes, aux taxes locatives, telle la taxe d'ordures ménagères ou des fournitures (eau, électricité, gaz, etc.), à condition que le locataire en profite directement. Quant aux autres charges qui sont un supplément de loyer, et bien qu'elles soient prévues au bail et dues par le preneur, elles sont improprement dénommées charges dans le contrat, alors qu'elles incombent au bailleur, ce sont l'impôt foncier, la taxe additionnelle de droit au bail, l'assurance de l'immeuble, le salaire de la concierge et la taxe annuelle sur les bureaux en Ile-de-

France, par lesquelles le locataire n'est pas obligé d'accepter le paiement.

3 - Réparations et travaux

En règle générale, le propriétaire transfère au preneur, par des clauses du bail, de l'obligation de réparer l'immeuble ; d'où la naissance de fréquents conflits entre le bailleur et le locataire concernant la charge du paiement des réparations à l'intérieur du local loué ou dans l'immeuble dans lequel est situé ce local. Pourtant, le propriétaire est tenu de fournir les lieux à louer en bon état de réparations de toute espèce.

En l'absence de stipulations contractuelles, le preneur est tenu, selon les dispositions de l'article 1754 du Code civil, aux réparations locatives ou de menu entretien. Par contre, en cas de vétusté des lieux ou par suite d'un cas de force majeure, ces dépenses cessent d'être supportées par le preneur.

A défaut de clauses contraires, le bailleur s'oblige d'entretenir le bien loué en l'état de servir à l'usage pour lequel il a été loué et d'y faire pendant la durée du bail, toutes les réparations qui peuvent devenir nécessaires, autres que locatives.

Les dispositions de l'article 606 du Code civil mettent à la charge du bailleur les "grosses réparations".

Les travaux de ravalement de façade prescrits par l'autorité administrative sont, sauf clause contraire, à la charge du bailleur.

Le bailleur assure le clos et le couvert en cas de stipulation contractuelle : les frais relatifs à la couverture, aux gouttières, aux portes-fenêtres, aux volets en mauvais état, lorsque ces réparations dépassent le cadre de l'entretien prévu à la charge du locataire. Les réparations imposées par une décision administrative sont assimilées aux travaux rendus nécessaires par la force majeure.

4 - Assurances

Le locataire a l'obligation de contracter une assurance contre l'incendie et pour garantir au bailleur son privilège portant sur les meubles.

Lorsque le preneur est déclaré responsable, en cas de sinistre, il doit réparation intégrale au bailleur pour le préjudice qu'il a subi. Pour un locataire assuré, les indemnités relatives au risque locatif et au recours des voisins sont attribuées respectivement et de plein droit au bailleur et aux voisins (C. ass. art. L. 121-13).

VII - Révision triennale ou légale des loyers

A - Caractère d'ordre public de la réglementation légale

La législation permet au bailleur, en l'absence d'une clause d'échelle mobile dans le bail, de demander la révision triennale du bail commercial en fonction de la variation de l'indice trimestriel du coût de la construction et toute stipulation contraire prévue dans le contrat est réputée nulle.

Le bailleur et le preneur ne peuvent ni renoncer, ni interdire la révision du loyer.

Toutefois, une fois les conditions de la révision du prix réunies, les deux parties peuvent décider d'un commun accord de procéder à cette révision tout en renonçant aux règles légales ; pour cela, il suffit par exemple qu'ils fixent un montant de loyer non contesté par le locataire pendant plus de trois ans.

En tout état de cause, la variation du loyer ne doit pas excéder celle de l'indice du coût de la construction. Par contre, toute clause au bail qui stipule une variation du loyer inférieure à celle de l'indice n'est pas prohibée.

La révision triennale des loyers concerne les baux commerciaux qui relèvent du décret du 30 septembre 1953. Les autres locations échappent, sauf clause contraire, à ce mode de révision.

B - La demande en révision

Elle est généralement adressée par le bailleur - le propriétaire ou son mandataire - au locataire. S'il s'agit d'une succursale, la demande en révision est valablement adressée au directeur de cette succursale.

La demande en révision pour être recevable doit être formulée :

- par exploit d'huissier ou par lettre recommandée avec avis de réception ou encore par lettre ordinaire à condition que le locataire reconnaisse l'avoir reçue ;

- trois ans au moins après le point de départ de la dernière fixation amiable ou judiciaire du loyer. Ce délai, qui doit être de trois ans et un jour, part de la prise d'effet du bail ou de la précédente révision.

La demande en révision légale du loyer formulée tardivement n'aura pour effet que de reporter d'autant la date des révisions à venir.

C - La lettre de demande en révision

Elle doit indiquer, à peine de nullité, le montant du nouveau loyer proposé, libre au bailleur de modifier, par la suite, ce montant après la publication du dernier indice lui permettant de calculer exactement son nouveau loyer.

Lorsque le bailleur veut fixer le loyer à la valeur locative et invoque la hausse des facteurs locaux de commercialité, la demande doit mentionner le montant du loyer réclamé ; dans ce cas, la fixation du loyer ne dépendant pas de la variation de l'indice du coût de la construction, il n'existe aucun obstacle technique pour le déterminer.

Pour les révisions dépendant de l'indice du coût de la construction, le bailleur, afin de préserver ses droits, devra mentionner dans sa demande un montant de loyer en fonction d'une évolution probable de l'indice, en se basant par exemple sur l'évolution de l'indice durant les deux années écoulées. Le bailleur n'est pas tenu de mentionner, dans sa demande en révision des loyers, un délai pendant lequel sa proposition du loyer révisé devra être acceptée ou refusée par le locataire. Toutefois, *la demande en révision* régulièrement effectuée, *se prescrit par un délai de deux ans* à moins d'une mise en oeuvre à l'intérieur de ce délai.

En l'absence de réponse de la part du locataire et à défaut de saisine du juge des loyers par un mémoire établi par le bailleur dans le délai de deux ans, la prescription invoquée contre lui court du jour de l'envoi de sa lettre contenant la demande de révision.

D - L'accord des parties

L'accord *des parties* sur le nouveau prix du loyer se concrétise :

- soit par l'établissement d'un avenant au bail commercial ;

- ou tout simplement par un échange de lettres, ce qui éviterait au locataire de payer les frais d'un avenant dont la rédaction n'a aucun caractère obligatoire dès lors qu'il avait donné son accord écrit sur le montant du nouveau loyer. L'accord entre le bailleur et le preneur rend exigible le loyer révisé à dater de l'envoi de la demande en révision régulièrement formulée. A défaut d'un accord amiable ou d'une décision de justice, le bailleur ne peut exiger le paiement du loyer révisé ; seul le loyer d'avant la demande en révision reste dû.

E - Dépassement du délai de trois ans

En cas de dépassement du délai de trois ans dans la demande en révision du loyer, le preneur ne peut opposer un délai de forclusion au motif que le propriétaire ou son mandataire a laissé passer l'échéance triennale et n'a pas demandé l'application de la révision légale. Toutefois, le bailleur tout en ne pouvant réclamer aucun loyer révisé avant sa demande en révision formulée dans les règles, il aura le droit d'appliquer la variation de l'indice du coût de la construction qui correspond au délai écoulé entre le dernier loyer fixé et la date de la demande en révision du loyer.

F - Fixation du loyer révisé

1 - Bases de la révision

Les dispositions des articles 23 et 27 du décret du 30 septembre 1953 stipulent, pour la fixation du loyer révisé, pour le premier article, que le loyer révisé ou renouvelé doit correspondre à la valeur locative ; et pour le second, qui limite, sauf exception, l'évolution du loyer lors d'une révision triennale à la variation de l'indice trimestriel du coût de la construction intervenu depuis la dernière fixation amiable ou judiciaire.

2 - Révision en fonction de la valeur locative

La valeur locative est déterminée, selon les dispositions de l'article 23 du décret du 30 septembre 1953 modifié, d'après cinq éléments permettant de fixer le prix du bail : caractéristiques du local considéré, destination des lieux, obligations respectives des parties, facteurs locaux de commercialité, prix couramment pratiqué dans le voisinage.

La prise en compte de la valeur locative pour la révision du loyer, qui reste le principe, peut contribuer à modifier le mécanisme de l'indexation. Même en l'absence de modification des facteurs locaux de commercialité, le prix du loyer révisé d'un bail commercial ne peut dépasser ni la valeur locative, ni le loyer résultant de l'indice du coût de la construction.

3 - Révision en fonction de l'indice du coût de la construction

Indépendant de la valeur locative, ce procédé de fixation du loyer révisé est destiné à limiter l'évolution des loyers à l'occasion des révisions triennales.

G - Facteurs locaux de commercialité

1 - Caractère ponctuel

Pour que le prix du loyer révisé ou renouvelé soit fixé sans limitation d'un plafond quelconque, il suffit de prouver d'une modification matérielle des facteurs locaux de commercialité, susceptible d'avoir entraîné une hausse ou une baisse de 10 % de la valeur locative.

2 - Conditions

Pour réviser le loyer sur la base de la modification des facteurs locaux de commercialité, trois conditions doivent être réunies :

- la modification affecte les facteurs locaux de commercialité ;

- la modification de ces facteurs doit être matérielle ;

- la modification doit avoir pour conséquence une variation de la valeur locative atteignant un minimum de 10 % en plus ou en moins.

3 - Preuve

C'est au bailleur ou au preneur d'apporter la preuve de ces modifications, entraînant une hausse ou une baisse du loyer. En fait, il revient, généralement à un expert désigné par le tribunal, la charge de constater si la plus-value ou la moins-value correspond ou non au taux fixé par la loi.

4 - Application jurisprudentielle

Les modifications des facteurs locaux de commercialité est une question de fait laissée à l'appréciation souveraine des juges du fond.

VIII - Clause d'échelle mobile

Par dérogation aux dispositions de l'article 27 du décret du 30 septembre 1953 relatives à la révision légale, le bailleur et le preneur peuvent se mettre d'accord pour employer une autre technique de révision des loyers : les clauses d'indexation stipulées à l'article 28 du décret.

La révision des loyers, par l'effet d'une clause d'échelle mobile, permet des adaptations automatiques de loyer à un rythme plus rapide que la révision légale prévue à l'article 27 du décret.

Toutefois, l'emploi de cette technique de révision doit être pratiqué avec beaucoup de discernement, tant en raison de la réglementation sur le choix de l'indice que sur le plafonnement du jeu de l'indexation.

A - Validité des clauses d'échelle mobile

Les clauses d'indexation pour la révision des loyers doivent répondre à plusieurs exigences.

Des dispositions de l'article 28 du décret résulte la validité de principe des clauses d'échelle mobile, lesquelles doivent être appliquées si le locataire n'en demande pas l'adaptation judiciaire prévue par cet article.

Une clause d'échelle mobile est une clause qui permet un calcul automatique du loyer d'après la variation d'un indice licite déterminé ou d'un produit sans avoir à recourir à une quelconque discussion ou à une mesure d'expertise.

La clause du bail qui institue des loyers alternatifs, déterminables année par année, en fonction du chiffre d'affaires réalisé par le locataire, ne constitue pas une clause d'échelle mobile permettant la révision du loyer conformément aux dispositions de l'article 28 du décret.

B - Mise en oeuvre des clauses d'échelle mobile

1 - Option entre révisions contractuelle et légale

Les parties peuvent opter, lorsque le bail est assorti d'une clause d'échelle mobile, pour une révision contractuelle ou pour une révision légale.

2 - Bénéficiaires

L'action de révision des loyers par l'application de la clause d'échelle mobile est pareillement ouverte aux deux parties signataires du bail.

3 - Périodicité

La périodicité triennale du jeu de la clause d'échelle mobile ne s'oppose pas à ce que, en cours de période, le loyer puisse faire l'objet d'une adaptation en application des dispositions de l'article 28 du décret.

4 - Automaticité de la révision

La clause d'échelle mobile s'applique de plein droit et sans formalité, à moins que le locataire ne demande l'adaptation judiciaire prévue à l'article 28 du décret.

5 - Indice à retenir

L'indice de base à retenir pour l'application de la clause d'échelle mobile est celui publié à la date de la demande en révision, à moins que le juge n'en décide autrement.

6 - Disparition de l'indice

Afin de pallier l'imprévision du bailleur et du preneur, l'article 28-3 ne peut faire échec à l'application d'un nouvel indice déterminé en exécution de la convention des parties.

7 - Loyer de base

Le prix précédemment fixé contractuellement est le loyer d'origine stipulé au bail, le prix résultat de l'automatisme de la clause d'échelle mobile ne pouvant constituer des prix fixés contractuellement ou par décision judiciaire.

8 - Adaptation judiciaire

Toutes les dispositions de l'article 26 du décret réglementant les formes de la révision des loyers des baux d'immeubles ou de locaux doivent être respectées.

9 - Date d'effet de la révision

En l'absence de contestation du preneur sur la fixation d'un loyer supérieur à celui résultant de l'application de la clause d'échelle mobile, la majoration du prix du bail au-delà du loyer conventionnel ne peut prendre effet qu'à la date de la demande faite par le bailleur.

Chapitre VI

CLAUSE RESOLUTOIRE OU RESILIATION DU BAIL

I - Résiliation unilatérale

Les dispositions du décret du 30 septembre 1953 stipulent que le contrat de bail commercial se poursuit normalement jusqu'à son terme, sauf volonté contraire du bailleur ou du locataire, résiliation anticipée pour inexécution des conditions du bail ou perte de la chose louée rendant impossible la poursuite du contrat.

La résiliation du bail commercial provoque la perte de la propriété commerciale.

A - Dénonciation par le locataire

1 - Dénonciation dite "triennale"

L'article 3-1 al. 2 du décret du 30 septembre 1953 stipule : "Toutefois, à défaut de convention contraire, le preneur aura la faculté de donner congé à l'expiration d'une période triennale, dans les formes et délai de l'article 5". Les dispositions du décret offrent, au locataire, la faculté de donner congé à l'expiration d'une période de trois ans, à condition que les parties n'en aient pas décidé autrement par une clause contractuelle.

2 - Dénonciation à tout moment

Le locataire demandant à bénéficier de ses droits à la retraite ou bénéficiant d'une pension d'invalidité a la faculté de donner congé dans les formes et délai de l'article 5, c'est-à-dire suivant les usages locaux et au moins six mois à l'avance. La loi du 31 décembre 1989 a étendu, par son article 7, cette faculté à l'associé unique d'une entreprise unipersonnelle à responsabilité limitée et au gérant majoritaire depuis au moins deux ans d'une société à responsabilité limitée, dans le but d'organiser une procédure simplifiée de despécialisation, visée par l'article 34-3-1 du décret pour faciliter la cession du bail.

B - Dénonciation par le bailleur

1 - Faculté légale

Le bailleur ne dispose pas légalement des mêmes droits de résiliation de bail que le locataire. Le propriétaire ne bénéficie de la résiliation triennale que de manière exceptionnelle et dans le seul cadre des droits de reprise destinés à faciliter la rénovation de son patrimoine immobilier.

2 - Faculté conventionnelle

La faculté de dénonciation par le bailleur doit figurer dans le bail commercial ; elle lui est accordée par l'article 5-3 du décret qui dispose que : "Le bail dont la durée est subordonnée à un événement dont la réalisation autorise le bailleur à demander la résiliation, ne cesse, au-delà de la durée de neuf ans, que par l'effet d'une notification faite six mois à l'avance et pour un terme d'usage. Cette notification devra mentionner la réalisation de l'événement prévu au contrat".

C - Nécessité d'un congé

1 - Un congé régulier

Chaque fois que le bailleur ou le preneur entend mettre fin au bail de manière unilatérale, il doit donner congé suivant les usages locaux et au moins six mois à l'avance par acte d'huissier.

S'il est délivré par le bailleur, le congé doit être motivé soit par son intention de construire ou de reconstruire, soit par la survenance de l'événement prévu au bail, il doit, également, contenir mention des droits du locataire.

2 - Sanctions des congés irréguliers

L'irrégularité peut porter sur les dates exigées par le décret : date à laquelle le congé a été délivré ; date pour laquelle il est délivré. Toutefois, cette irrégularité ne donne pas lieu à nullité, l'effet du congé est reporté à la date pour laquelle il aurait dû être régulièrement donné.

L'irrégularité peut également découler d'un vice de forme, telle l'absence d'une mention obligatoire ou une erreur sur la qualité du bailleur ou du preneur ; dans ce cas, le congé est susceptible de nullité à condition que le destinataire du congé apporte la preuve de son préjudice.

Par contre, le congé est nul, dans le cas de l'irrégularité la plus grave résultant d'une absence totale d'acte extrajudiciaire. Enfin, n'est irrégulière que la formalité dûment contestée par le destinataire du congé.

II - Résiliation pour inexécution des clauses du bail

En droit commun, le manquement par le locataire ou le bailleur aux obligations mises à sa charge par le bail peut être sanctionné par la résiliation du bail entraînant la rupture des relations contractuelles.

On distingue deux sortes de résiliation, la résiliation de plein droit ou résiliation conventionnelle qui s'opère par application d'une clause résolutoire, et la résiliation judiciaire qui permet au juge d'apprécier la gravité de l'infraction.

A - Résiliation de plein droit

1 - Conditions

- La plupart des baux commerciaux sont dotés d'une clause résolutoire qui prévoit la résiliation de plein droit du bail en cas de non paiement du loyer ou d'inexécution de l'une des obligations du bail. Cette clause est sévère pour le locataire puisqu'elle permet son expulsion par simple ordonnance de référé.

Aussi, selon une jurisprudence constante, le bail doit contenir une clause résolutoire expresse qui prévoit la résiliation de droit en cas de manquement du preneur à ses obligations. Il faut, ensuite, pour entraîner, par son manquement, la résolution de plein droit, qu'une obligation précise soit mise à la charge du preneur ou que le bail contienne une interdiction.

- L'article 25-1 dispose que : "Toute clause insérée dans le bail prévoyant la résiliation de plein droit ne produit effet qu'un mois après un commandement demeuré infructueux. Le commandement doit, à peine de nullité, mentionner ce délai".

Ainsi, la résiliation de droit est subordonnée à une mise en demeure délivrée par acte d'huissier ou un commandement de payer. L'acte, pour être valable, doit mentionner : le délai accordé pour l'exécution de l'obligation ; l'intention du bailleur de se prévaloir de la clause résolutoire et le manquement reproché au preneur.

- La clause résolutoire qui exclut, en principe, toute subjectivité ne doit pas être mise en oeuvre en tenant compte de l'attitude du bailleur et du preneur.

2 - Portée de la clause résolutoire

Le juge n'a d'autre pouvoir que celui de constater la résiliation du bail, lorsque sont réunies les conditions, de fond et de forme, de mise en oeuvre de la clause résolutoire et que le locataire n'a pas respecté les obligations visées dans le commandement dans le délai d'un mois.

Cependant, une suspension judiciaire peut être demandée par le locataire. En effet, l'article 25 du décret du 30 septembre 1953, modifié par la loi du 31 décembre 1989, accorde au juge le pouvoir de suspendre la clause résolutoire pour toutes les causes de résiliation du bail, lorsque la réalisation n'est pas constatée ou prononcée par une décision de justice ayant acquis l'autorité de la chose jugée et ainsi la clause résolutoire ne joue pas, si le locataire se libère dans les conditions fixées par le juge.

B - Résiliation judiciaire

Toute défaillance d'exécution, du fait du preneur ou du bailleur, donne droit à des sanctions au profit du créancier. Ce dernier n'est cependant pas obligé de poursuivre la résiliation, il peut exiger l'exécution du bail selon les dispositions de l'article 1184-2 du Code civil : "La partie envers laquelle l'engagement n'a point été exécuté a le choix ou de forcer l'autre à l'exécution de la convention lorsqu'elle est possible, ou d'en demander la résolution avec dommages et intérêts". La résiliation judiciaire est une sanction de droit commun de l'inexécution du contrat.

Invoquée par le preneur, la résiliation judiciaire ne présente d'autre particularité que l'indemnité d'éviction mise à la charge du bailleur. Par contre, lorsqu'elle est utilisée par le bailleur, la résiliation suppose un manquement soumis à l'appréciation du tribunal.

C - Protection des créanciers inscrits

Le droit au bail représente une valeur souvent essentielle du fonds de commerce. Sa perte par la résiliation du bail, menace directement le gage des créanciers du locataire.

Aussi, l'article 14 de la loi du 17 mars 1909, qui a institué au profit des créanciers inscrits une protection particulière, dispose : "Le propriétaire qui poursuit la résiliation du bail de l'immeuble dans lequel s'exploite un fonds de commerce grevé d'inscription, doit notifier sa demande aux créanciers antérieurement inscrits au domicile élu par eux dans leurs inscriptions". Il en est de même dans le cas d'une résiliation amiable.

Le but du délai d'un mois est d'empêcher la perte du droit au bail. Les créanciers peuvent ainsi, soit se substituer au locataire défaillant par le paiement des loyers et charges dûs, soit pour le persuader de respecter les clauses du bail dans le cas où l'obligation n'est pas exécutable par autrui.

III - Résiliation pour redressement ou liquidation judiciaires

L'article 36 du décret du 30 septembre 1953 dispose que le redressement judiciaire n'entraîne pas de plein droit la résiliation du bail, de même que le droit des procédures collectives contenant des mesures spéciales en faveur du bail ne se sont intéressés qu'à la cessation des paiements du locataire dont il convient de faciliter la continuation de l'activité.

A - Redressement ou liquidation judiciaires du preneur

Les clauses de résiliation antérieures au jugement d'ouverture des procédures collectives sont :

- l'arrêt des poursuites individuelles et déclaration des créances ;

- la mise en oeuvre de la clause résolutoire.

Tandis que les clauses de résiliation postérieures au jugement d'ouverture sont constituées par :

- l'option reconnue à l'administrateur en vertu de l'article 37 de la loi du 25 janvier 1985 ;

- le défaut de paiement des loyers et charges qui peut provoquer, à la demande du bailleur, la résiliation du bail. Le bailleur doit porter son action soit devant le juge-commissaire, soit devant le juge de droit commun.

B - Redressement ou liquidation judiciaires du bailleur

Les textes de loi ne concernant que les immeubles affectés à l'activité de l'entreprise du débiteur locataire, le bail sur ces immeubles devrait obéir aux règles générales du redressement ou de la liquidation avec maintien d'activité. Le bail en cours demeure soumis aux dispositions de l'article 37 de la loi relatif au redressement, et dont les solutions sont étendues à la liquidation judiciaire par l'article 153-2-2.

Lorsque la liquidation est ouverte sans période d'observation, sans maintien d'activité, la vente de l'immeuble par adjudication ou de gré à gré emporte application du droit commun.

Chapitre VII

LA PROCÉDURE

Très divers, les litiges pouvant survenir en cours du bail sont directement liés au statut des baux commerciaux, ou relèvent du contrat de louage en général.

Dans ce cas, lorsqu'une transaction amiable n'est pas intervenue entre le bailleur et le preneur, l'une ou l'autre des parties ou les deux saisiront le tribunal afin de statuer sur le litige.

Ainsi se pose la question de la compétence de la juridiction. D'où l'existence du partage du contentieux entre plusieurs juridictions.

I - Litige relevant du décret

L'article 29-3 du décret du 30 septembre 1953 dispose : "La juridiction territorialement compétente est celle du lieu de la situation de l'immeuble". L'article R. 321-26 du Code de l'organisation judiciaire attribue compétence au tribunal d'instance du lieu de la situation de l'immeuble pour les conflits relatifs aux baux.

La compétence matérielle obéit, quant à elle, à un régime qui distingue entre deux juridictions, le président du tribunal de grande instance et le tribunal de grande instance.

A - Compétence du président du tribunal de grande instance

Le président du tribunal de grande instance est seul compétent pour fixer le prix du loyer révisé ou renouvelé.

En raison de son caractère d'exception, la compétence du président du tribunal de grande instance, ou du juge qui le remplace, nommé "juge des loyers" ou "juge des baux commerciaux", est limitée. Elle est, cependant, incontestablement d'ordre public.

Selon l'article 29-2 du décret, le juge des référés du tribunal de grande instance est compétent pour statuer sur la demande de suspension de la clause résolutoire.

En l'absence de disposition expresse, contenue dans le décret, interdisant la saisine du juge des référés en matière d'indemnité d'éviction, la compétence générale de ce juge a vocation à s'appliquer dès lors que les conditions en sont remplies.

B - Instance devant le président du tribunal de grande instance

La procédure devant le tribunal de grande instance, dans le but de chercher à concilier les parties et leur permettre un accès facile à la justice, a un caractère formaliste et exclusivement écrit.

Le décret du 30 septembre 1953 réglemente minutieusement chaque étape de la procédure qui est devenue une affaire de spécialistes.

La procédure est marquée par une demande en fixation de prix. Aucune procédure ne peut être engagée sans notification préalable d'un mémoire dans lequel le demandeur expose l'objet du litige, ses prétentions et ses arguments.

Le mémoire est adressé par le demandeur ou son mandataire, par lettre recommandée avec demande d'avis de réception, à l'autre partie.

La demande interrompt la prescription biennale et fait courir un délai d'un mois avant de pouvoir saisir le juge des loyers.

C - Compétence du tribunal de grande instance

L'article 29 alinéa 2 du décret dispose ;"Les autres contestations sont portées devant le tribunal de grande instance qui peut, accessoirement, se prononcer sur les demandes mentionnées à l'alinéa précédent."

Cependant, la Cour de cassation, qui a estimé que l'article 29 du décret ne présente aucune autonomie par rapport à l'ensemble de la réglementation, a décidé que le texte ne réglait que le sort des actions relatives à l'application du statut qui ne sont pas de la compétence exclusive du président de ce tribunal.

II - Contentieux hors décret

A - Compétence du tribunal d'instance

L'article R 321-2 du Code de l'organisation judiciaire dispose : "Sous réserve des dispositions législatives ou réglementaires particulières, le tribunal d'instance connaît, en dernier ressort, jusqu'à la valeur de 13 000 F et à charge d'appel lorsque la demande excède cette somme ou est indéterminée, les actions dont le contrat de louage d'immeuble est l'objet, la cause ou l'occasion." Seules les dispositions attribuant compétence à d'autres juridictions, tel l'article 29 du décret, limitent la compétence du tribunal d'instance ou de son président, statuant en référé ou par ordonnace sur requête.

Les contestations sur l'existence même du bail commercial, sur la restitution d'un exemplaire de ce bail et sur les locaux compris dans la location sont de la compétence du tribunal d'instance.

B - Compétence du tribunal de commerce

Aucun texte n'attribuant compétence exclusive aux tribunaux d'instance pour connaître des actions nées du louage d'immeuble, lorsque le différend ne porte pas sur aucune contestation donnant lieu à l'application de l'article 29 du décret, le tribunal de commerce est compétant pour statuer sur un litige opposant des sociétés commerciales au sujet des engagements d'un bail, qui est un acte de commerce.

C - Compétence du juge de l'exécution

La loi du 9 juillet 1991 a créé une nouvelle juridiction, le juge de l'exécution, dont les fonctions sont exercées par le président du tribunal de grande instance ou le juge qu'il délègue.

La compétence territoriale du juge de l'exécution est liée à deux critères : le domicile du débiteur et le lieu de l'exécution de la mesure.

Quant à sa compétence matérielle, elle est susceptible de remettre en cause la compétence des juridictions auxquelles est attribué le contentieux du bail.

Chapitre VIII LA DÉSPÉCIALISATION

Réglementations spéciales

Eu égard à la conjucture économique et aux nécessités de l'organisation rationnelle de la distribution, le locataire peut être amené, en cours de bail, à adjoindre à son activité prévue au bail, d'autres activités connexes ou complémentaires, lorsque ces activités sont compatibles avec la destination, les caractères et la situation de l'immeuble.

Les dispositions, d'ordre public, des articles 34 à 34-8 du décret du 30 septembre 1953, traitant de la déspécialisation, autorisent le preneur à modifier sous certaines conditions la destination contractuelle des locaux commerciaux.

Deux types de déspécialisation se dégagent de ces textes : l'une dite partielle ou restreinte qui consiste à adjoindre une activité à celle prévue au bail, l'autre considérée comme plénière puisque dans ce cas, le locataire opère une transformation totale de son fonds de commerce.

A - Déspécialisation partielle ou restreinte

1 - Adjonction d'activités connexes ou complémentaires

L'article 34-1 du décret dispose : "Le locataire peut adjoindre à l'activité prévue au bail des activités connexes ou complémentaires".

Cette disposition, d'ordre public, permet au locataire, même si une clause du bail limite strictement l'activité à exercer dans les lieux loués, d'adjoindre des activités connexes ou complémentaires en respectant la procédure prévue par le décret.

Le locataire doit faire connaître son intention au propriétaire par exploit d'huissier, en précisant les activités dont l'exercice est envisagé.

Lorsque le preneur n'a pas sollicité l'autorisation, le bailleur est fondé à lui faire sommation de cesser l'activité qui n'entre pas dans les prévisions du bail ; si le locataire persiste, le bail commercial peut être résilié par l'application d'une clause résolutoire.

2 - Réponse du bailleur

La notification régulière, signifiée par le preneur, vaut mise en demeure du bailleur, dans le délai de deux mois, à peine de déchéance, de faire connaître s'il conteste le caractère connexe ou complémentaire de ces activités envisagées.

A l'expiration du délai et sans contestation du bailleur, le locataire peut se considérer autorisé à opérer la déspécialisation restreinte de son fonds de commerce.

En cas de contestation du propriétaire, le tribunal de grande instance, saisi par la partie la plus diligente, devra exclusivement se prononcer sur l'application de l'article 34.

3 - Conséquences sur le prix du loyer

Lorsque les activités adjointes ont entraîné par elles-mêmes une modification de la valeur locative des lieux loués, le bailleur peut demander une majoration du prix du loyer des locaux loués. Toutefois, cette augmentation de loyer ne peut être décidée par le tribunal de grande instance faisant application de l'article 34 ; elle est reportée à la première révision triénnale suivant la notification de déspécialisation du locataire.

B - Déspécialisation plénière

La déspécialisation plénière consiste à transformer totalement la nature du fonds de commerce exploité dans les lieux.

Dès lors qu'elle emporte une modification substantielle du bail, la déspécialisation plénière est soumise à des conditions nettement plus strictes que la déspécialisation partielle.

1 - Conditions de forme de fond

En effet, selon les dispositions de l'article 34-1 alinéa 1 du décret, la déspécialisation plénière n'est pas un droit ; car elle est soumise à l'autorisation du bailleur qui, non seulement peut contester les conditions de la demande du preneur, mais, il peut également invoquer un motif grave et légitime, soit le concernant, soit tenant aux droits des tiers.

Dans le cas de la déspécialisation plénière, deux conditions de fond sont à respecter.

- l'évolution de la conjoncture économique et l'organisation rationnelle de la distribution ;

- la compatibilité de l'activité avec la nature de l'immeuble où elle sera exercée.

2 - Réponse du bailleur

Dans les trois mois de la réception de la demande de transformation, le bailleur doit signifier sa réponse par un refus, une acceptation ou encore les conditions pour donner son accord. S'il garde le silence, il est réputé à l'expiration du délai, avoir donné son autorisation.

3 - Compensation pour le propriétaire

En vertu des dispositions de l'article 34-3 du décret, le propriétaire peut bénéficier de deux compensations :

- une indemnité, s'il prouve que la nouvelle activité lui occasionne un préjudice ;

- une majoration de loyer, mais dans ce cas, sans attendre la prochaine révision triennale comme dans le cas de la déspécialisation restreinte.

LEXIQUE

(extrait du Dictionnaire juridique - L'Hermès)

Acte de commerce (*comm.*) : Il s'agit des actes et faits juridiques nommés au droit commercial.

Administrateur (*civ.*) : Personne chargée de gérer pour le compte d'une autre un ou plusieurs biens déterminés, ou l'ensemble du patrimoine de cette personne.

Bail commercial (*comm.*) : Bail portant sur des locaux à usage commercial ou artisanal.

Bail emphytéotique (*civ.*) : Bail de très longue durée (99 ans maximum), mettant à la charge du preneur une obligation de faire, et lui conférant un droit réel sur les lieux loués.

Bailleur (*civ.*) : Personne donnant à bail une chose dont elle est propriétaire. V. Bail et Preneur.

Cautionnement (*civ., com.*) : Contrat par lequel la caution s'oblige envers le créancier.

Commandement (*proc.civ.*) : Acte signifié par un huissier de justice en vertu d'un titre exécutoire, par lequel un débiteur est mis dans l'obligation de payer, pour éviter la saisie de ses biens.

Commerçant (*comm.*) : Est un commerçant celui qui effectue des actes de commerce à titre de profession habituelle, en son nom et pour son compte.

Compétence matérielle : Synonyme de compétence d'attribution.

Compétence territoriale : Aptitude d'une juridiction à connaître d'une affaire en fonction de son ressort géographique et de la localisation des éléments du litige.

Déspécialisation (*comm.*): Fait pour le locataire commercial d'adjoindre une activité connexe ou complémentaire à son activité initiale (déspécialisation partielle), ou de changer complètement d'activité (déspécialisation totale).

Droit de créance (*civ.*) : Droit pour une personne (le créancier) d'exiger d'une autre (le débiteur) une certaine prestation (ou une abstention).

Exploit d'huissier (*proc.civ.*) : Ecrit authentique rédigé et signifié à une personne par un huissier de justice à la demande d'une autre personne, dans le cadre d'une procédure judiciaire ou extrajudiciaire.

Faute : (*civ.*) : Erreur de conduite. Comportement anormal, que n'aurait pas eu un "bon père de famille".

Fonds de commerce (*comm.*) : Le fonds de commerce est un groupement de biens incorporels (clientèle et achalandage, droit au bail, nom commercial et enseigne, propriétés industrielles et commerciales) et corporels (marchandises, machines) réunis dans le but d'attirer et d'exploiter une clientèle.

Forclusion (*proc.gén.*) : Déchéance qui frappe le plaideur qui n'a pas exercé son droit ou intenté son action dans les délais prescrits.

Indivision (*civ.*) : Propriété commune voulue ou subie ; situation qui a vocation à prendre fin par un partage (V. Copropriété).

Liquidation judiciaire (*comm.*) : Une des issues de la procédure de redressement judiciaire ordonnée par le tribunal, quand aucun plan de redressement n'apparaît possible et que la situation de l'entreprise est irrémédiablement compromise. L'actif du débiteur est réalisé et le produit des ventes est distribué aux créanciers.

Location-gérance (*comm.*) : Contrat par lequel le propriétaire d'un fonds de commerce loue l'exploitation de ce fonds à un gérant indépendant, qui l'exploite à ses risques et périls.

Loyer (*civ.*) : Prix versé par le locataire, dans un contrat de louage de choses, en contrepartie de la jouissance de la chose.

Mémoire (*proc.gén.*) : Document écrit permettant à un plaideur d'exposer ses prétentions, et qui devant certaines juridictions remplace les conclusions et les plaidoiries.

Mise en demeure (*civ. proc.civ.*) : Acte par lequel le créancier réclame au débiteur l'exécution de son obligation.

Nue-propriété (*civ.*) : Propriété amputée du droit à l'usage et à la jouissance du bien. V. Usufruit.

Nullité (*gén.*) : Sanction de l'acte juridique qui ne respecte pas les conditions de formation prévues par la loi. Elle est prononcée par décision judiciaire, et en principe rétroactive : l'acte annulé est censé n'avoir jamais été fait.

Obligation : Lien de droit entre deux personnes par lequel l'une d'entre elles (le débiteur) est tenue envers l'autre (le créancier) d'une prestation ou d'une abstention.

Ordre public (*civ. int.pr.*) : Dans un sens large (en droit privé interne) ensemble des règles de droit impératives, c'est-à-dire auxquelles il ne peut être dérogé par des conventions entre particuliers.

Pas-de-porte (*comm.*): Droit d'entrée réclamé par le bailleur d'un local à usage commercial au preneur qui entre dans les lieux pour compenser la dépréciation de l'immeuble résultant de la "propriété commerciale" (voir ce mot) reconnue au preneur. Tantôt on l'analyse comme une indemnité, tantôt comme un supplément de loyer.

Préavis (*trav.*) : Période fixée par la loi, une convention ou un accord collectif de travail, ou un usage, qui s'écoule entre la notification de la résiliation d'un contrat de travail à durée indéterminée et son terme.

Prescription acquisitive (*civ.*) : Acquisition de la propriété d'un bien (ou de certaines servitudes) par la possession prolongée pendant un long délai.

Privilège (*civ.*) : Sûreté réelle conférée par la loi à certains créanciers, en raison de l'origine de leurs créances, et qui leur permet d'être payés avant les autres créanciers, même hypothécaires (Art. 1095 C.civ.).

Renonciation (*civ.*) : Acte par lequel une personne se prive volontairement d'un droit ou d'un avantage quelconque.

Résiliation (*civ.*) : Anéantissement, pour l'avenir seulement, d'un contrat successif, en cas d'inexécution par l'une des parties de ses obligations.

Séquestre (*civ. proc.civ.*) : Personne désignée par justice (ou éventuellement par accord entre les intéressés) pour détenir un bien qui fait l'objet d'un procès ou d'une procédure d'exécution, en attendant de savoir avec certitude à qui il doit revenir.

Signification (*proc.civ.*) : Notification faite par huissier de justice, par laquelle un plaideur porte à la connaissance de son adversaire un acte de procédure ou un jugement.

Usufruit (*civ.*) : Droit réel temporaire et au maximum viager, qui confère à son titulaire le droit de se servir d'un bien dont il n'est pas propriétaire et d'en percevoir les fruits. Art. 578 C.civ.

Table alphabétique

Table analytique

Achevé d'imprimer sur les presses
d'Edit'Imprim - Lyon
Mai 1996 - Code éditeur 1217